Crystal Meth

Materialien für die Suchtprävention in den Klassen 8–12

Herausgegeben von der
Bundeszentrale für
gesundheitliche Aufklärung, Köln 2015,
im Auftrag des Bundesministeriums für Gesundheit

Reihe:
Gesundheit und Schule (G+S)

Herausgeberin:
Bundeszentrale für gesundheitliche Aufklärung (BZgA), 50819 Köln

Gesamtleitung des Projekts vonseiten der Bundeszentrale
für gesundheitliche Aufklärung:
Dr. Eveline Maslon, Köln

Autor und Autorin:
Dr. Wolfgang Schill,
Gesellschaft für Medienpädagogik und Kommunikationskultur – Projektbüro Berlin

Gabriele Teutloff, Lehrerin in Berlin

An der Erprobung der Materialien waren beteiligt:
Silke Eschbach, Monheim und **Marion Schulze-Nicolai**, Heilbronn

Wissenschaftliche Beratung:
Professor Dr. med. Rainer Thomasius,
Ärztlicher Leiter des Deutschen Zentrums für Suchtfragen des Kindes- und
Jugendalters (DZSKJ), Universitätsklinikum Hamburg-Eppendorf

Grafik:
Andreas Springer, Berlin

Cartoon:
Erich Rauschenbach, Berlin

Redaktion:
Stephanie Hendriks, Köln
Nina Jakubowski, Köln

Satz:
MGE Media Group Essen GmbH, Essen

1. Auflage
© Bundeszentrale für gesundheitliche Aufklärung, Köln.
Alle Rechte vorbehalten.
Druck: Kunst- und Werbedruck, Bad Oeynhausen
1.100.11.15
ISBN 978-3-942816-74-8
Bestell-Nr.: 20530000

1. Grundsätze der Sucht- und Drogenprävention

Bedingungen

Zeitgemäße Sucht- und Drogenprävention (1) geht von der grundlegenden Einsicht aus, dass es derzeit keine geschlossene, in sich widerspruchsfreie Theorie der Suchtentstehung und Suchtentwicklung gibt, die auch nur annähernd der Vielfalt und Komplexität menschlicher Lebensbedingungen gerecht werden könnte. Man nimmt an, dass süchtigem Verhalten ein multifaktorielles Ursachenbündel aus dem seelischen, körperlichen und sozialen Bereich zugrunde liegt. Dabei spielen zahlreiche Wechselwirkungen von biochemischen Effekten eines Suchtmittels, von Umwelteinflüssen und zum Teil auch genetischen Dispositionen eine bedeutsame Rolle. Plausiblen Hypothesen und konkreten Forschungsergebnissen zufolge lassen sich auslösende und begünstigende Faktoren drei Bereichen zuordnen. Diese Bereiche bilden ein kompliziertes Bedingungsgefüge, das aus dem Zusammenwirken der Faktoren Person, Droge und soziale Umwelt (gelegentlich auch als die drei „Ms" bezeichnet: Mensch, Mittel und Milieu) resultiert.

Diese einleuchtende Feststellung entspricht der Alltagserfahrung, dass Drogen immer in einem bestimmten Kontext konsumiert werden. Dabei kann man annehmen, dass es beim Drogenkonsum um eine Handlung geht, die für den Nutzer eine Funktion und eine bestimmte Bedeutung hat sowie jeweils von spezifischen Erwartungen gesteuert wird. Ferner ist in der Regel davon auszugehen, dass es sich sehr selten um eine rein individuell getroffene Entscheidung handelt, wenn beispielsweise Jugendliche zu einer Droge greifen, sondern dass immer soziale und gesellschaftliche Komponenten mit im Spiel sind.

Zu den Drogen, die in unserer Gesellschaft gleichsam als „Lebens-Mittel" auftauchen, gehören Alkohol, Nikotin (Tabak), Coffein (Kaffee, Limonadengetränke) und Arzneimittel (Medikamente). Nicht nur Erwachsene, auch Kinder und Jugendliche nehmen sie meist als „Selbstverständlichkeiten" in unseren Lebenswelten wahr und gehen deshalb oft ohne Bedenken mit ihnen um. Alkohol, Nikotin und eine Reihe von Arzneimitteln haben jedoch ein beträchtliches Abhängigkeitspotenzial, das die physische, psychische und soziale Befindlichkeit eines Menschen so stark beeinflussen kann, dass es ihm unmöglich wird, ein selbstbestimmtes Leben zu führen. Deshalb stellt sich unserer Gesellschaft immer wieder die Aufgabe, junge Menschen so in ihrer Persönlichkeitsentwicklung zu fördern, dass sie in ihrem Leben selbstbestimmt, sozial verantwortlich und überlegt mit diesen sogenannten Alltagsdrogen umgehen sowie sachkundig und begründet eine kritische Haltung gegenüber illegalen Drogen wie beispielsweise Cannabis, Heroin, Kokain, Ecstasy, Crystal Meth, Speed, A2/Frenzy (Benzylpiperazin) oder Anabolika einnehmen können. Für die alltägliche Lebenspraxis bedeutet dies auch, dass man als Heranwachsender und Erwachsener „in guten wie in schlechten Zeiten" immer wieder legalen wie illegalen Drogen begegnen wird und lebenslang herausgefordert ist, sich mit ihnen auseinanderzusetzen. Dazu kann die schulische Sucht- und Drogenprävention einen eigenen Beitrag leisten.

Entwicklungsaufgaben von Heranwachsenden

Bei der Identifizierung und detaillierten Analyse der obengenannten Komponenten bedient man sich vorwiegend sozialpsychologischer Konstrukte und Deutungsmuster, die in der Jugendforschung generell ihre Tragfähigkeit erwiesen haben. Eines dieser Konstrukte ist das der Sozialpsychologie entlehnte, von Robert Havighurst definierte Konzept der „Entwicklungsaufgaben" (2), die von Heranwachsenden im Alter zwischen 12 und 18 Jahren gelöst werden müssen.

Zu diesen Entwicklungsaufgaben gehören unter anderem
- das Akzeptieren der eigenen körperlichen Erscheinung,
- die kritische Auseinandersetzung mit den eigenen Kompetenzen und Grenzen und die Entwicklung einer Identität,
- die zunehmend selbstbewusste Gestaltung der eigenen Sozialisation,
- eine eigene Berufs- und Lebensperspektive sowie Entwurf von Strategien zu deren Verwirklichung,
- die Übernahme der Geschlechterrolle, d. h. Entwicklung von Sexualität und Intimität und der Fähigkeit, Partnerschaften einzugehen und zu pflegen,
- das Erringen und Behaupten einer Position in der Gruppe von Gleichaltrigen,
- die Bewältigung des Prozesses der emotionalen Ablösung vom Elternhaus,
- die Entwicklung und Vertretung eines eigenen Wert- und Normsystems,
- die Beschäftigung mit Sinnfragen,
- sich Lebensrisiken stellen und
- die kritische Auseinandersetzung mit Konsumangeboten (z. B. Medien, Genussmittel, Rauschdrogen usw.).

In der überwiegenden Mehrzahl gelingt Jugendlichen die Lösung dieser Aufgaben, die ja nicht zugleich auftreten und auch nicht immer als Belastung empfunden werden, mehr oder weniger befriedigend, obwohl es dabei immer wieder zu Spannungen, Widersprüchen und Konflikten kommen kann. Bestimmte bedenkliche seelische Zustände oder erheblich von den Normen abweichende Verhaltensformen weisen allerdings darauf hin, dass einigen Jugendlichen die Lösung dieser Entwicklungsaufgaben nicht oder nur unzureichend gelingt. Darunter fallen zum Beispiel Depressionen bis hin zu Suizidgedanken oder Suizidversuchen, Essstörungen, Aggressionen, Kriminalität oder Drogenkonsum. Oft treten mehrere Formen abweichenden Verhaltens gemeinsam auf: Gruppengewalt beispielsweise geht oft einher mit starkem Alkoholkonsum, während Depressionen vielfach von Arzneimittelmissbrauch begleitet werden.

Jugendliche sind sich ihrer Entwicklungsaufgaben oftmals gar nicht bewusst und können dann nur schwer den Zusammenhang zwischen ihren Problemen und ihren Entwicklungsaufgaben erkennen. Zudem erfahren sie nicht immer ausreichend Unterstützung durch die Eltern, da diese aus Unwissen oder mangelnder Kompetenz den Problemen ihrer Kinder oftmals hilflos gegenüberstehen. Die Schule kann in dieser vielschichtigen Problemlage einen wichtigen Beitrag leisten, wenn es ihr gelingt, die Heranwachsenden bei ihren Entwicklungsaufgaben angemessen zu unterstützen und Möglichkeiten für deren Bewältigung aufzuzeigen. Sinnvolle Sucht- und Drogenprävention versucht somit,

- [ ] sich mit den Lebenswelten produktiv auseinanderzusetzen, in denen sich Heranwachsende bewegen, in denen sie Entscheidungen treffen und sich handelnd bewähren müssen sowie

- [ ] die Herausforderungen der einzelnen Entwicklungsaufgaben sichtbar zu machen und soweit wie möglich konstruktiv zu bearbeiten.

Bei diesem Handlungsgeschehen muss das Schul-Leben selbst auch dazu beitragen, dass die Heranwachsenden das gemeinsame Aneignen von Lebenskompetenz als sinnvoll erleben. So müssen sich Lehr-/Lern-Gruppen vor allem darum bemühen, angstauslösende Faktoren zu vermeiden, sozialen Druck zu mindern, Umgangsnormen auf ihre Notwendigkeit und ihren Nutzen hin zu überprüfen sowie eine Atmosphäre der Freundlichkeit, der Akzeptanz und der Aufrichtigkeit zu schaffen. Es sollte ein Lernklima entwickelt werden, in dem Kreativität, Fantasie und Freude am gemeinsamen Arbeiten, Lernen und Feiern vorherrschen.

Intentionen

Bezogen auf diese Aspekte werden im Folgenden im Sinne einer universellen Gesundheitserziehung die Intentionen beschrieben, die leitend für das Konzept des vorliegenden Unterrichtsmaterials sind:

- [ ] Es geht um die Entwicklung identitätsstiftender Fähigkeiten (*Selbstkompetenz*).
- [ ] Es geht um die Förderung sozialintegrativer Fähigkeiten (*Sozialkompetenz*).
- [ ] Es geht um das Erleben und Erfahren sinnerfüllter Aktivitäten (*Sachkompetenz*).

Diese drei Kompetenzbereiche lassen sich zwar analytisch trennen, hängen jedoch in der Realität zusammen und bedingen sich gegenseitig (3). Denn zweifellos lassen sich persönliche, soziale und sachbezogene Fähigkeiten in konkreten Arbeits-, Kommunikations- und Handlungsprozessen nicht voneinander trennen. Daher ist es Aufgabe von Lehr-/Lern-Gruppen, auch immer wieder zu versuchen, den Zusammenhang der drei Bereiche durch absichtsvolles Handeln herzustellen.

Um die **Selbstkompetenz** zu fördern, werden im Einzelnen folgende Ziele angestrebt:
- [ ] das eigene Selbstwertgefühl/Selbstbewusstsein und die eigene Selbstsicherheit verbessern,
- [ ] sich selbst und andere differenziert wahrnehmen können,
- [ ] sich selbst und andere akzeptieren,
- [ ] eigene Gefühle wahrnehmen und ausdrücken können,
- [ ] Verantwortung für eigenes Handeln übernehmen,

- gesundheitsfördernde Einstellungen erwerben und bereit sein, sich dementsprechend zu verhalten und zu handeln,
- eigene Formen von „süchtigem Verhalten und Handeln" wahrnehmen und reflektieren und in diesem Zusammenhang
- sensibel dafür werden, was einem wann, wo und wie vitalen Genuss und Glückserlebnisse verschaffen kann.

Um die **Sozialkompetenz** zu fördern, werden im Einzelnen folgende Ziele angestrebt:
- die eigene Kontaktfähigkeit verbessern,
- eigene Meinungen und Interessen auch gegenüber Mehrheiten vertreten und von Fall zu Fall durchsetzen,
- Probleme und Konflikte situationsangemessen und sozialverantwortlich lösen,
- Gruppendruck widerstehen.

Um die **Sachkompetenz** zu fördern, werden im Einzelnen folgende Ziele angestrebt:
- kognitive, affektive und handlungsbezogene Lernerfahrungen machen und sich dabei auch fundiertes Wissen über die Drogen Amphetamin/Methamphetamin (Amphetamin-Typ-Stimulanzien) aneignen,
- mit allen Sinnen die natürliche, gegenständliche und soziale Umwelt erfahren,
- zur Lebens-(Arbeits-/Freizeit-)Gestaltung produktive und kreative Ideen entwickeln.

Für die Unterrichtsinhalte zum Thema „Crystal Meth" ergeben sich aufgrund dieser Intentionen folgende Leitziele:
- Orientierungswissen über den Gebrauch/Missbrauch der Droge Crystal Meth erwerben,
- sich bewusst werden, welche Bedeutung die Droge Crystal Meth für die physische, psychische und soziale Gesundheit eigenen wie fremden Lebens hat,
- sich bewusst werden, dass die wechselseitige Beziehung der drei Erfahrungsbereiche Person – Umwelt – Mittel/Droge bei der Entstehung von Drogenmissbrauch und -abhängigkeit eine wesentliche Rolle spielt und in diesem Zusammenhang die Bereitschaft entwickeln,
  - sich selbst und andere aufmerksam wahrzunehmen und
  - sich mit belastenden Lebenssituationen handelnd auseinanderzusetzen.

Anmerkungen

(1) vgl. dazu besonders Bundeszentrale für gesundheitliche Aufklärung (Hg.): Arzneimittel. Materialien für die Suchtprävention in den Klassen 5–10. Köln 2003, S. 7 ff.
(2) vgl. Havighurst, R. J.: Developmental tasks and education (3. Edition). Longman, New York; London 1972
(3) vgl. Roth, H.: Pädagogische Anthropologie. Band 2. Entwicklung und Erziehung. Hannover 1971, S. 446 ff.

2. Zur Sache: „Crystal Meth" (Amphetamin-Typ-Stimulanzien)

2.1 Crystal Meth – eine „Zeitgeistdroge"?

Vorab einige Schlagzeilen aus dem Zeitraum 2014/2015:

„Deutsche schmuggeln mehr Crystal Meth, weniger Haschisch" *(Stern-Online vom 20. Juni 2014)*

„Crystal Meth, die Zeitgeistdroge" *(Zeit-Online vom 3. Juli 2014)*

„Hochgefühl für wenig Geld – Wie gefährlich ist Crystal Meth?" *(Süddeutsche-Online vom 7. Juli 2014)*

„Crystal Meth wird Volksdroge" *(Frankfurter Allgemeine-Online vom 7. Juli 2014)*

„Schlag gegen Rauschgiftring: Fahnder stellen Stoff für 2,3 Tonnen Crystal Meth sicher" *(Spiegel-Online vom 13. November 2014)*

„Kampf gegen Crystal Meth – Sachsen und Bayern wollen Crystal-Meth-Substanz verbieten" *(Der Tagesspiegel-Online vom 14. Juli 2015)*

Dieser kurze Blick in deutsche Online-Medien skizziert eine Situation, die sich weniger plakativ auch im Sucht- und Drogenbericht 2014 der Bundesregierung spiegelt. Zwar wird im Bericht nicht von der bundesweiten Verbreitung der „Zeitgeistdroge Crystal Meth" (Methamphetamin) gesprochen, die wegen ihrer kristallinen Beschaffenheit auch so heißt, wie sie aussieht. Doch es finden sich Hinweise auf „beunruhigende Daten". So heißt es im Vorwort:
„Anlass zur Sorge geben auch die Hinweise, dass der Konsum von synthetischen Drogen wie Ecstasy, Speed oder Crystal regional zum Teil erheblich ansteigt" (1).

Und bei den aktuellen Daten zu „Illegalen Drogen" wird ausgeführt:
„Kokain und Amphetamin wurden im vergangenen Jahr von 0,8 Prozent bzw. 0,7 Prozent der erwachsenen Bevölkerung (das sind rund 85.000 bis 90.000 Menschen) mindestens einmal konsumiert, wobei 0,2 Prozent bzw. 0,1 Prozent von diesen Substanzen abhängig sind. Im Vergleich zu den vorangegangenen Erhebungen zeigt sich für Gesamtdeutschland kein zunehmender Gebrauch von Amphetaminen, wozu auch Methamphetamin (Crystal) zählt. Auch 2013 bleiben aber die erhöhten Sicherstellungs-, Konsum- und Behandlungsdaten, die vor allem aus den grenznahen Bundesländern zu Tschechien gemeldet werden, beunruhigend" (2).

Inzwischen scheint sich die Situation merklich zu ändern, denn mehr und mehr verdichten sich Hinweise darauf, dass Crystal Meth sich womöglich bundesweit ausbreiten könnte (3). Nicht nur, weil in der Öffentlichkeit Alarmmeldungen verbreitet werden (s. Kasten), sondern weil sich auch im Bereich der Sucht- und Drogenberatung mehr und mehr Klienten finden, die Probleme mit psychoaktiven Stimulanzien wie Amphetamin (Speed) oder Methamphetamin (Crystal Meth) haben (4).

Die bisherige Datenlage ist noch unscharf, weil die sogenannten Amphetamintypischen Stimulanzien (ATS) in bundesdeutschen Untersuchungen nicht weiter ausdifferenziert sind. Amphetamine sind die Substanzklasse für eine Reihe chemisch verwandter Substanzen, die alle auf das zentrale Nervensystem wirken. Zu den amphetaminartigen Stimulanzien gehören beispielsweise auch die Drogen der „Ecstasy"-Gruppe und ein Arzneimittel wie Ritalin, das zur Behandlung „hyperkinetischer Störungen" genutzt wird (5). So liegen hierzulande über Verbreitung, Konsum, Konsummuster oder Konsumtypen in Bezug auf Amphetamin und Methylendioxymethamphetamin (MDMA: Ecstasy) verlässliche Angaben vor (6). Über das Amphetaminderivat N-methyl-alpha-Methylphenethylamin (Crystal Meth) gibt es indes kaum vergleichbares Datenmaterial. Dies verwundert auch nicht, denn bislang schien der Konsum von Crystal Meth kein bundesweites, sondern eher ein regionales Problem zu sein, wie es auch der Sucht- und Drogenbericht 2014 andeutet. Dass Methamphetamin nun aber in den Medien gleichsam als „Volksdroge" à la Alkohol etikettiert wird, ist jedoch eine deutliche Überzeichnung. Doch tendenziell versuchen Schlagworte wie „Volks- und Zeitgeistdroge" nicht zu übersehende Entwicklungen der letzten Jahre symbolisch zu fassen (7):

☐ Gegenwärtig ist die „Rauschgiftsituation" in Deutschland durch deutliche Steigerungsraten im Bereich der Synthetischen Drogen gekennzeichnet. So heißt es zusammenfassend im Bundeslagebild „Rauschgiftkriminalität" des Bundekriminalamts für 2013:
„Neben der bereits im Vorjahr registrierten Tendenz steigender Straftaten im Zusammenhang mit Ecstasytabletten hat insbesondere kristallines Methamphetamin (sog. „Crystal") weiterhin an Bedeutung gewonnen. Die seit etwa fünf Jahren in Deutschland in nennenswertem Umfang festgestellte Droge „Crystal" unterliegt seither durchweg steigenden Tendenzen" (8).

Australien
Polizei findet tonnenweise Drogen auf Schiff aus Hamburg
In einer aus Hamburg stammenden Schiffsladung hat die australische Polizei fast drei Tonnen Drogen beschlagnahmt. Das MDMA und Methamphetamin mit einem Straßenverkaufswert von 1,5 Milliarden Australische Dollar (rund 1 Milliarde Euro) war in einem Container mit Möbeln und Kisten versteckt, wie die australische Bundespolizei am Samstag mitteilte.
(Quelle: Frankfurter Allgemeine-Online vom 30.11.2014)

Dem entspricht auch ein steigendes Angebot von amphetaminartigen Substanzen auf dem internationalen Drogenmarkt (s. Kasten oben). Nicht nur in den Drogenküchen Tschechiens wird offensichtlich Crystal produziert, sondern ein weltweit agierendes kriminelles Netzwerk in Asien und Europa (mit Schwerpunkten in Belgien und den Niederlanden) scheint nunmehr auf die Produktion von Crystal „umzusteigen". Die Nachfrage nach dieser die Leistungsfähigkeit steigernden Droge wächst. Die Herstellung von kristallinem Methamphetamin „vor Ort" – etwa durch Reduktion von Ephedrin, das aus frei verkäuflichen Erkältungsmitteln extrahiert werden kann – ist vergleichsweise billig und aufwendige Vertriebswege wie bei Kokain, das aus Südamerika beschafft werden muss, entfallen. Somit dürften die Gewinnspannen im Dogenhandel beträchtlich sein (9). Demnach wäre es kein Wunder, wenn sich diese „angesagte" Droge in absehbarer Zeit über die gesamte Bundesrepublik verbreiten würde.

Wenn aktuell vielfach der Begriff „Zeitgeistdroge" gebraucht wird, dann wird damit signalisiert, dass diese Droge aufgrund ihrer besonderen Eigenschaften vermutlich nicht nur in unsere Zeit, sondern auch zu unserer Leistungsgesellschaft „passt". „Energy, Love, Peace, Unity" lautete in der Technoszene der 1980er/1990er Jahre die viel zitierte Formel von der Freiheit am Wochenende. Eine Botschaft der damaligen „Raver", die für junge Leute in Sachen Speed-, Ecstasy- und Crystal-Konsum auch heute noch gültig sein dürfte. Der Konsum von Crystal Meth scheint aber noch mehr und andere Funktionen zu erfüllen. Crystal ist offensichtlich „ein Stoff zum Leben", der quer durch die Gesellschaft „gebraucht" wird, um Leistung zu bringen, um Leistungsdruck zu widerstehen, um fit und wach zu sein, um Spaß zu haben, um die Stimmung aufzuhellen, um belastende Ereignisse zu bearbeiten oder um sich einfach großartig zu fühlen. Dieses breit gefächerte Funktionsspektrum scheint nicht nur für junge Menschen bedeutsam zu sein, die am Wochenende Spaß haben und Party machen wollen, sondern auch für Personen aus allen Milieus, die in Haushalt, Schule, Studium, Beruf und manchmal auch im Freizeitsport (11) „etwas leisten" wollen.

Diese Einschätzung legt jedenfalls eine qualitative, nicht repräsentative Studie nahe, die im Frühjahr 2014 veröffentlicht wurde und bei der das Alter der 392 Studienteilnehmer(innen) zwischen 15 und 63 Jahren lag. Zusammenfassend heißt es dort im Kurzbericht:

„Verschiedene der im internationalen Kontext beschriebenen Konsumierendengruppen konnten auch für Deutschland empirisch bestätigt werden. Dazu zählen neben Konsumierenden mit ausschließlich freizeitbezogenem Konsum unter anderem Konsumierende mit Konsum im beruflichen Kontext, Konsumierende mit zusätzlichen psychischen Erkrankungen, Konsumierende mit Kindern und Konsumierende mit besonders riskanten Konsumgewohnheiten. Neben den teilweise unterschiedlichen Konsummotiven, den Umständen des Einstiegs in den Konsum und weiteren Aspekten, aus denen sich Ansätze für präventive Maßnahmen ableiten lassen, konnten Befunde zur Einschätzung von Hilfsangeboten und Prävention durch die Betroffenen selbst gewonnen werden" (12).

Doping am Arbeitsplatz?

In das Zeitgeschehen fügt sich auch die Diskussion um das sogenannte Neuro-Enhancement ein. Unter Neuro-Enhancement (engl. to enhance: verbessern, erhöhen, aufwerten) versteht man allgemein die Steigerung der kognitiven Leistungsfähigkeit durch psychoaktive Substanzen. Ausgelöst wurde die Diskussion von einer kleinen Gruppe deutscher Psychiater, Juristen und Philosophen. In ihrem Memorandum, das im Jahre 2009 in der Zeitschrift „Gehirn und Geist" veröffentlicht wurde (13), stellen sie die These auf, dass die pharmazeutische Verbesserung des Gehirns oder der Psyche zu den Grundprinzipien einer modernen Leistungsgesellschaft gehöre. Der Nutzen für alle bestünde in einer Anhebung des geistigen Niveaus. Und nicht zuletzt hätte jeder das Recht über seinen Körper und Geist selbst zu bestimmen (14).

Zeitgleich veröffentlichte die Deutsche Angestellten Krankenkasse (DAK) einen Gesundheits-Report, in dem deutlich wurde, dass es unter den deutschen Erwerbstätigen durchaus eine Bereitschaft zum „Hirndoping" gäbe (15). Diese repräsentative Untersuchung ergab, dass mehr als ein Viertel der Befragten im Alter zwischen 20 und 50 Jahren den Griff zu Psychopharmaka für vertretbar hielten, wenn damit im Beruf die Aufmerksamkeit sowie die Gedächtnis- und Konzentrationsleistung gesteigert werden sollten. Und rund fünf Prozent der Befragten zählten laut DAK-Report zu realen „Dopern" (16).

Doch aktuell ist kein gesellschaftlicher Trend zum „Hirndoping" zu erkennen. Das Neuro-Enhancement-Potenzial der meisten Psychopharmaka dürfte überzeichnet sein, auch wenn klassische Amphetaminabkömmlinge wie etwa „Ritalin" einen Nutzer scheinbar wacher, motivierter und ausdauernder werden lassen. Nach wie vor kommt es zu unerwünschten Nebenwirkungen. So heißt es dann auch zusammenfassend im DAK-Report: „Manche Beschäftigte versprechen sich (vom Doping) wohlmöglich Höchstleistungen, nur wird der Nutzen von Dauer sein? Nach Einschätzung der DAK wird auch in Zukunft ein ‚Doping am Arbeitsplatz' ohne Risiken und Nebenwirkungen kaum zu haben sein. [...] ‚Konzentriert, kreativ, karrierebewusst: wer glaubt, immer perfekt sein zu müssen und verstärkt zur Leistungssteigerung auf Pillen zurückgreift, lebt gefährlich" (17). Daher setze man auch in erster Linie auf einen gesundheitsbewussten Lebensstil anstelle eines risikoreichen Umgangs mit Medikamenten.

Dass Methamphetamin allerdings nicht einfach vom Himmel in unsere Zeit gefallen ist, sondern eine mehr als hundert Jahre währende Geschichte hat, wird im folgenden Abschnitt dargestellt.

2.2 Methamphetamin – eine Droge mit Geschichte

Die Geschichte des Methamphetamins begann indirekt im Jahre 1887 in Berlin. In diesem Jahr gelang dem rumänischen Chemiker Lazar Edeleanu die Erstsynthese von Amphetamin, die er im Rahmen seiner Doktorarbeit über „Derivate der Phenylmetacrylsäure und der Phenylisobuttersäure" darstellte. Jahre später (1893) synthetisierte der japanische Chemiker Nagayoshi Nagai Methamphetamin in flüssiger Form. Und im Jahre 1919 konnte die Substanz dann erstmals von dem japanischen Forscher Akira Ogata in kristalliner Form hergestellt werden. Als schwierig erwies sich zunächst die industrielle Herstellung dieser Substanz, deren psychotrope Wirkung lange Zeit unerkannt geblieben war.

In Deutschland waren es die Berliner Temmler-Werke, die in den 1930er Jahren ihre Anstrengungen auf diesem Gebiet verstärkten. 1937 gelang ihnen der Durchbruch. Sie ließen ein Verfahren patentieren, mit dem Abfälle der Großchemie zu Methamphetamin (1-Phenyl-2-methylaminopropan) recycelt werden können. Das war preisgünstiger, als die aus Japan bekannte Methode, die noch den natürlichen Rohstoff Ephedrin als Ausgangsmaterial erforderte. Das Forschungsprojekt erhielt den Arbeitstitel „Per-Vitin". Nach der Zulassung 1938 konnten die Temmler-Werke mit der Produktion beginnen und das Präparat unter dem Namen Pervitin auf den Markt bringen. Damit begann ein besonders dunkles Kapitel der deutschen Drogengeschichte, das untrennbar mit der NS-Diktatur verknüpft ist. Unter dem Markennamen Pervitin spielte dieser Amphetaminabkömmling insbesondere in den kommenden Kriegsjahren eine ambivalente Rolle (18).

Als Pervitin erstmals auf dem deutschen pharmazeutischen Markt erschien, stand zunächst seine blutdrucksteigernde Wirkung im Vordergrund. In Tierexperimenten und anschließenden Untersuchungen an Patienten wurde ein Vorteil gegenüber dem Adrenalin und dessen Derivaten deutlich. Selbst mit vorsichtigen Dosierungen ließen sich bei Adrenalin Risiken nicht vermeiden. Sie bestanden hauptsächlich darin, dass die Blutdrucksenkung zu plötzlich einsetzte und in der Höhe nicht abzuschätzen war.

Frühzeitig wurde ein weiterer Effekt der Pervitinanwendung festgestellt, der zunehmend Aufmerksamkeit erregte. War schon beim Adrenalin die anregende Wirkung auf das zentrale Nervensystem bekannt, so trat jetzt der psycho-stimulierende Effekt des Pervitins immer deutlicher hervor (19).

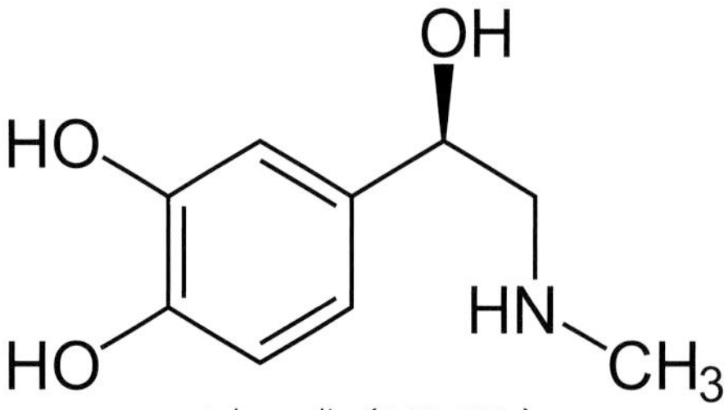

Adrenalin ($C_9H_{13}NO_3$)

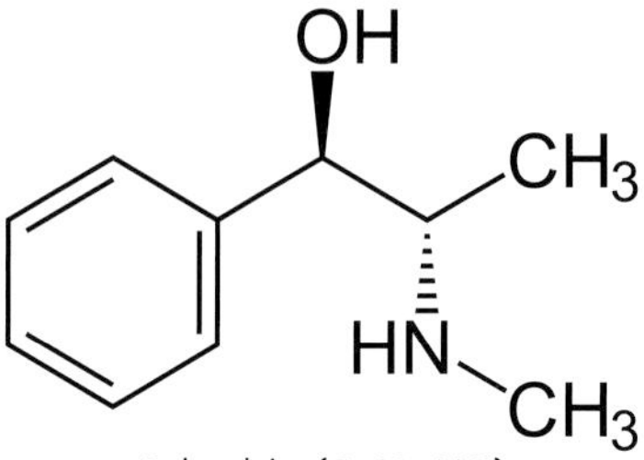

Ephedrin ($C_{10}H_{15}NO$)

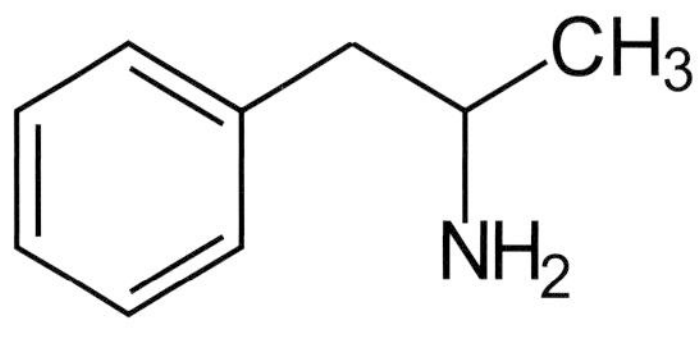

Amphetamin ($C_9H_{13}N$)

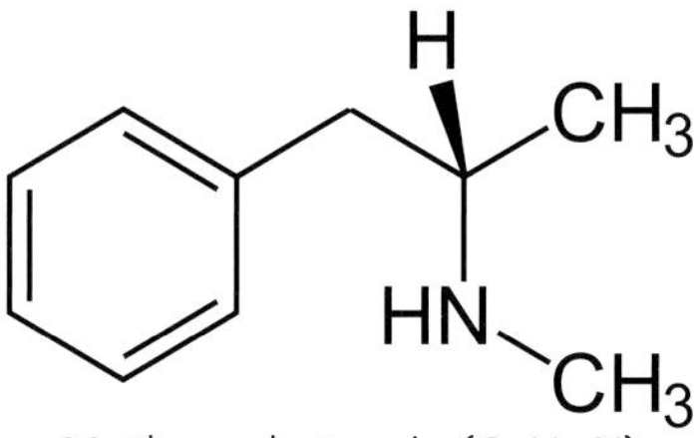

Methamphetamin ($C_{10}H_{15}N$)

Abbildung 1: Chemische Strukturformeln (Quelle: wikipedia)

Der anfänglich rezeptfreie Verkauf und die intensive Werbung hatten ihren Anteil daran, dass Pervitin in Deutschland zum Verkaufsschlager wurde – ähnlich dem Amphetaminsulfat Benzedrin in den USA, das dort als Asthmamittel bekannt wurde. Ihre wachsende Beliebtheit verdankten beide Präparate vermutlich der wachhaltenden, stimulierenden und euphorisierenden Wirkung. Mit der Empfehlung immer neuer Anwendungsgebiete wie etwa bei Epilepsie, Depression, Parkinsonsyndrom oder Narkolepsie (Tagesschläfrigkeit) stieg die Verbreitung dieser „Arznei" für Psyche und Kreislauf (s. Abbildung).

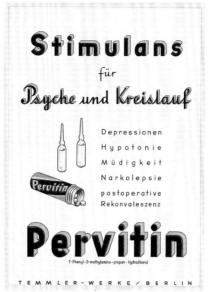

Abbildung 2 (Quelle: Landesarchiv Berlin, Werbedrucksache der Temmler-Werke)

Die Temmler-Werke waren mit ihren Umsatzsteigerungen zufrieden, aber die Entwicklung drohte außer Kontrolle zu geraten. Es wurde immer deutlicher, dass Pervitin abhängig machen konnte. Prüflinge, Studenten, Nachtwachen – besonders in Krankenhäusern –, Telefonistinnen und alle Personen, die in ihrer Arbeit und privat „voll präsent" sein wollten, begannen Pervitin in eigener Dosierung zu verwenden. Die Auswirkungen konnten nicht ausbleiben. Nach einem Jahr freiem Verkauf wurde Pervitin von den Gesundheitsbehörden unter Rezeptpflicht gestellt. Die Maßnahme zeigte aber wenig Wirkung, denn der Konsum ging auch auf Rezept nicht erkennbar zurück. Mit Wirkung vom 1.7.1941 wurde Pervitin dann in das „Gesetz über den Verkehr mit Betäubungsmitteln" (Opiumgesetz) aufgenommen (20).

Ergebnisse aus der klinischen Pervitin-Forschung

Ein Jahr nach der Marktreife von Pervitin veröffentlichte der Mediziner Carl Püllen 1939 in der „Münchener Medizinischen Wochenschrift" die Ergebnisse einer umfangreichen Pervitin-Untersuchung. Im Laufe seiner einjährigen Beobachtungen an mehreren hundert Fällen dokumentierte er die anregende Wirkung von Pervitin auf Großhirn, Kreislauf und das vegetative Nervensystem. Einen ersten Eindruck verschaffte er sich im Selbstversuch: „Eine Tagesdosis von 30 mg – 10 Tabletten – konnte im Selbstversuch nicht länger als 3 Tage durchgehalten werden." Damit war er aber noch weit entfernt von der Empfehlung einer optimalen Dosis in einem bestimmten Einsatzsegment. Versuchsergebnisse an Kollegen und Klinikpersonal bestärkten ihn zur Empfehlung einer Dosis von 1–3 Tabletten (3–9 mg) als Wachhaltemittel für gesunde Menschen. Nachteilige Wirkungen konnte er dabei nicht feststellen. Allerdings beschäftigte er sich in dieser Untersuchung nicht mit der Langzeitwirkung einer regelmäßigen Pervitineinnahme auf die Testpersonen. Höhere Dosierungen können die psychische Wirkung noch steigern, aber „der toxische Bereich beginnt im Allgemeinen bei einmaliger Dosierung von 10–15 Tabletten (30–45 mg), mit zunächst ausgeprägten Nebenwirkungen noch harmloser Natur auf Kreislauf und die vegetativen Elemente." Abschließend stufte Püllen Pervitin als hochwirksames Präparat ein, das unter ärztliche Aufsicht gehöre (21).

Weitere veröffentlichte Untersuchungen bestätigten und ergänzten die von Püllen vorgelegten Ergebnisse. So beschäftigte sich Hermann Müller-Bonn 1939 in seinem Aufsatz „Pervitin, ein neues Analepticum" in „Die Medizinische Welt", mit der Anwendung als Wachhaltemittel bei gesunden Personen unterschiedlicher Berufsgruppen. „Bei Nachtwachen von Ärzten und Pflegepersonal verhindert Pervitin (1-2 Tabletten), spätabends verabreicht, jeden Schlaf. Ohne Mühe konnte die nächtliche Tätigkeit ausgeübt werden. Dabei bestand ein subjektives Wohlbefinden mit einer durchaus gesteigerten Arbeitsfähigkeit" (22). Subjektive Berichte von Personen anderer Berufsgruppen wie etwa Rechtsanwälten, Lehrern, Lokomotivführern vermittelten in der Bevölkerung zeitweise den Eindruck, dass Pervitin eine Wunderdroge sei.

Bei der Wehrmacht stand das Präparat – dem zugeschrieben wurde, dass es das Schlafbedürfnis unterdrückt, das Selbstbewusstsein steigert, Angstgefühle minimiert und die Risikobereitschaft erhöht – bald ganz oben auf der Bestellliste. Der militärische Nutzen schien offensichtlich. Schon seit der Antike ist überliefert, dass bei militärischen Auseinandersetzungen häufig auch Drogen oder drogenähnliche Substanzen eine Rolle spielten. Alles was geeignet schien, die Kampfkraft oder die Ausdauer der Soldaten zu erhöhen, war erlaubt. Im Krimkrieg 1845 war es beispielsweise das Nikotin in der Zigarette, für die anschließend der Siegeszug als Alltagsdroge begann. Die Kampfflieger im 1. Weltkrieg putschten sich vor den Einsätzen mit Kokain auf.

Aber es gab für die Wehrmacht auch noch andere Gründe, eher auf Pervitin zu setzen. Dazu gehörten besonders die größere Wirtschaftlichkeit, Beschaffungsvorteile und die Unabhängigkeit von ausländischen Lieferanten. So war das Standard-Aufputschmittel Coffein in Form von Bohnenkaffee immer schwerer erhältlich und auch noch deutlich teurer als Pervitin. Eine durchschnittliche Tagesdosis Pervitin mit vier Tabletten kostete ca. 25 Pfennige, eine vergleichbare Wachhaltedosis aus vier bis fünf Tassen Bohnenkaffee dagegen etwa 50 Pfennige (23).

Pervitin – „Wunderpille" im Zweiten Weltkrieg

In den frühen Morgenstunden des 1. September 1939 überschritten Truppen der deutschen Wehrmacht die Grenze zu Polen. Mit dem Überfall auf Polen begann der Zweite Weltkrieg. „Pervitin" war von Anfang an dabei. Die deutsche Wehrmacht errang in Polen einen Sieg nach dem anderen. Hitlers Propaganda sprach dann auch von einem „Feldzug der 18 Tage", wenngleich die letzten polnischen Einheiten erst am 6. Oktober kapitulierten. Trotz tapferer Gegenwehr hatten die Polen mit einer schwachen und schlecht ausgerüsteten Armee nicht die geringste Chance, so waren beispielsweise kaum Funkgeräte vorhanden. Der deutsche Angriff wurde von der „Blitzkrieg-Strategie" bestimmt. Sturzkampfflugzeuge (Junkers Ju 87 unter dem Kurznamen „Stuka" bekannt) zerstörten schon in den ersten beiden Tagen die veraltete polnische Luftwaffe, zumeist durch Präventivschläge gegen Flugplätze. Stoßkeile aus Panzern und Sturzkampfbombern bahnten den nachrückenden (zum Teil motorisierten) Infanterieeinheiten den Weg. Dabei eilten die Panzerverbände der nachrückenden Infanterie oft weit voraus, sodass die Infanteristen in Gewaltmärschen aufschließen mussten. Bis zu 60 Kilometer am Tag wurden zurückgelegt. Ein Tempo, mit dem noch keine Armee der Welt je vorgerückt war. Die Panzer kannten nur den Vorwärtsgang, fuhren mitten durch die polnischen Truppen, kreisten sie ein. Der Begriff der „Kesselschlacht" entstand. Nach vier Tagen befand sich bereits der größte Teil des polnischen Staatsgebietes in deutscher Hand.

Mehr noch als der Polenfeldzug wurde der Feldzug gegen Frankreich zu einem Wettlauf gegen die Zeit. Angeblich sollen die Temmler-Werke in diesem Zeitraum 35 Millionen Tabletten an die Wehrmacht geliefert haben. (vgl. auch Materialbogen M 10.2; Tabelle 1) Auch beim Westfeldzug hing der militärische Erfolg vom Gelingen der Blitzkriegstrategie ab. Ein Blitzangriff massiver Panzerverbände über die Ardennen sollte den Gegner verwirren und effektive Gegenangriffe verhindern. Dieser Plan wurde dann auch umgesetzt. Unentdeckt von der französischen Aufklärung erreichten die ersten deutschen Panzerverbände in nur 57 Stunden die Maas bei Sedan. Rund 41 000 Fahrzeuge der Wehrmacht durchquerten die schmalen und kurvigen Täler der Ardennen innerhalb kürzester Zeit in Tag- und Nachtmärschen. Blitzartig schnelle und unerwartete Vorstöße ließen dem Gegner keine Gelegenheit eine stabile Verteidigung zu organisieren. Die deutschen Panzerspitzen rückten nahezu unaufhaltsam vor, angeführt von Aufklärungseinheiten in Panzerspähwagen und Motorradgespannen. Die erschöpften deutschen Panzerbesatzungen wurden mit „Pervitin"-Tabletten aufrecht gehalten. Die angegriffenen französischen Truppeneinheiten kamen derart in Bedrängnis, dass sie entweder schnell kapitulierten oder unter Zurücklassung ihrer schweren Waffen den ungeordneten Rückzug antraten.

„Die Deutschen nutzen eine Wunderpille", kommentierte die britische Presse das unberechenbar hohe Tempo der Wehrmacht. Kein Wunder, dass die Alliierten später darauf reagierten und dann ihrerseits die Truppen mit sogenannten Wakey-Wakey-Pillen versorgten.

Die Wehrmachtsärzte ordneten weitere Versuche an und dokumentierten die Erfahrungen und Berichte über den Einsatz des Pervitins in allen Bereichen der kämpfenden Truppe. Für den Wehrphysiologen und Oberfeldarzt Otto Ranke (vgl. Materialbogen M 9.1.) bot Pervitin nicht nur die Gewähr, dass sich selbst völlig übermüdete Piloten damit noch wachhalten können, sondern er sah sogar die Chance, ein ganzes Heer damit aufzuputschen. 1939 machte sich Ranke an der „Westfront" selber ein Bild von der Wirksamkeit des Pervitin im Feldeinsatz. Allerdings musste er dabei feststellen, wie sehr sich doch Theorie und Praxis unterschieden. Die Vorschriften zur kontrollierten Pervitinausgabe waren offensichtlich Makulatur, eine Kontrolle durch Ärzte und Sanitäter fand kaum statt. Die negativen Folgen blieben nicht aus. So verlängerten sich die Erholungsphasen der Soldaten und es verschlechterten sich ihre Leistungen (24).

Nachteile des Pervitins

„Panzerschokolade" tauften die Soldaten das verführerische Mittel, dessen Wirkung auf den Organismus sich bei langfristigem Konsum zunehmend ins Gegenteil verkehrte. Aus dem Muntermacher wurde zunehmend ein Schlappmacher, wenn nach langen Wachphasen immer wieder zu kurze Erholungszeiten mit erneuter Pervitineinnahme folgten. Die Soldaten wurden abhängig und damit traten bei ihnen typische Auswirkungen wie Schweißausbrüche, Schwindelanfälle, Depressionen und Wahnvorstellungen auf.

Diese möglichen unerwünschten Wirkungen von Pervitin haben Wehrmachtsführung und die leitenden Ärzte der Wehrmacht durchaus frühzeitig gesehen. In einer Rede vor dem nationalsozialistischen Deutschen Ärztebund 1940 im Berliner Rathaus wies der Reichsgesundheitsführer Dr. Leonardo Conti auf die Missbrauchsgefahr beim Pervitineinsatz hin. Er machte deutlich, dass jeder zwangsläufig irgendwann mit einem Zusammenbruch seiner Leistungsfähigkeit rechnen muss, der immer wieder Ermüdung mit Pervitin bekämpft, statt zu schlafen. „Dass das Mittel gegen Müdigkeit für einen Hochleistungsflieger, der noch zwei Stunden fliegen muss, angewendet werden darf, ist wohl richtig. Es darf aber nicht angewendet werden bei jedem Ermüdungszustand, der in Wirklichkeit nur durch Schlaf ausgeglichen werden kann. Das muss uns als Ärzten ohne weiteres einleuchten." (25)

Aber solche Stimmen setzten sich nicht durch. Zu keinem Zeitpunkt wurde wohl ernsthaft erwogen, Pervitin aus dem Verkehr zu ziehen, trotz der Aufnahme in das Opiumgesetz. Im Gegenteil, es wurde nicht nur an die Soldaten, sondern beispielsweise auch an die Arbeiter in kriegswichtigen Betrieben verteilt – ganz abgesehen von der privaten Beschaffung der Droge. Je länger der Pervitineinsatz im Krieg dauerte, desto deutlicher zeichnete sich auch überall der körperliche Raubbau ab. So berichtet Wolf-R. Kemper über den fortgeführten Einsatz des Pervitins: „Die Soldaten und Arbeiter brauchen immer längere Regenerationszeiten, um die Leistungsphasen unter Methamphetamin zu verkraften." (26)

Erstaunlich ist, dass in den verschiedensten Waffengattungen der Wehrmacht immer wieder Tests auf der Suche nach den optimalen Pervitin Einsatzvorschriften und Dosierungen durchgeführt wurden – selbst noch im letzten Kriegsjahr. 1944 wurden während der lehrgangsfreien Zeit von Lehroffizieren, die in Neustadt zu „Seehundfahrern" ausgebildet wurden, sogenannte „Trockenversuche" mit Pervitin durchgeführt. Für den dreitägigen Test wurden drei Gruppen gebildet (27):

Gruppe	Testbedingungen	Ergebnisse
1	weder Schlaf noch Medikamente	nach 24–36 Stunden fielen unbeabsichtigte Schlafperioden an; konnten sich nicht mehr wachhalten; Leistungsabfall nach 2 Tagen
2	keine Medikamente, aber zwischendurch zwei Stunden Schlaf	erzielten die besten Testergebnisse
3	gar kein Schlaf aber Pervitin in nicht mehr bekannter Dosis	durchgehende Wachphase; Verschlechterung der Testergebnisse nach 49 Stunden; längste Erholungszeit

Diese Härteübungen zur Einsatzvorbereitung der Fahrer von Einmanntorpedos hatten es in sich. Sie liefen über 24–60 Stunden und begannen und endeten mit einem schriftlichen Konzentrationstest (28).

Plan 48-Stunden-Übung

06 Uhr	Wecken, 10 000-Meter-Lauf, Waschen, Frühstück
08 Uhr	1 Stunde Singen
09 Uhr	2 Stunden Nahkampf
11 Uhr	1 Stunde Unterricht
12 Uhr	Mittagessen
13 Uhr	Fußmarsch nach Eckernförde (30 Kilometer)
19 Uhr	sofort umsteigen in Kutter und Zurückpullen nach Ellenberg (35 Kilometer); Abendessen unterwegs
05 Uhr	Briefe schreiben
06 Uhr	10 000-Meter-Lauf, Waschen, Frühstück
08 Uhr	1 Stunde Unterricht
09 Uhr	2 Stunden Nahkampf
11 Uhr	1 Stunde Singen
12 Uhr	Mittagessen
13 Uhr	4 Stunden Geländedienst
17 Uhr	Abendessen
18 Uhr	1 Stunde Konzentrationsübung – Ofenrohr im Speisesaal begucken und meditieren, dabei nicht einschlafen
19 Uhr	5 Stunden Bootsdienst Paddelbootfahren
23 Uhr	1 Stunde Unterricht
00 Uhr	5 Stunden Nachtmarsch
05 Uhr	1 Stunde singen
06 Uhr	Ende dieser Übung

Bei allen bisher angesprochenen Tests war von Pervitin in Tablettenform die Rede. Um den Absatz zu steigern, wurden auch für die Zivilbevölkerung pervitinhaltige Produkte angeboten wie Schokolade oder andere Süßigkeiten. Was die Rezeptur der legendären Fliegerschokolade betrifft, ist der Pervitingehalt umstritten. Sicher ist nur, dass sie Coffein, Dextrose und/oder Coca enthielt. Geradezu unglaublich war, dass im Handel zunächst Pralinen angeboten wurden, die geradezu toxische Pervitinmengen enthielten, pro Stück 14 mg Pervitin, d.h. über die 4-fache Menge einer Standardtablette von 3 mg. Die Empfehlung lautete, je nach Bedarf 3–9 Stück davon einzunehmen. Dabei wurde hervorgehoben, dass der Genuss der Pralinen im Unterschied zur Einnahme von Coffein vollkommen unbedenklich sei. Zwar wurden diese Pralinen später vom Reichsgesundheitsministerium verboten, aber die Anzeichen für suchtmitteltypische Zusammenbrüche in der Bevölkerung waren nicht mehr zu übersehen. So veröffentlichte Otto von und zu Loewenstein 1940 einen Fall von Pervitinsucht bei einem Medizinstudenten: „Dieser begann, als Kaffee und Tee kriegsbedingt knapp wurden, Pervitin einzunehmen. Aus anfänglich einer Tablette wurden innerhalb einiger Wochen 28 Tabletten täglich, kurz vor dem Staatsexamen führte der exzessive Konsum schließlich zum Zusammenbruch. Von und zu Loewenstein diagnostizierte eine schnelle Gewöhnung und die Symptome einer ausgesprochenen Sucht'" (29).

Mit zunehmender Dauer des Pervitineinsatzes kamen weitere kritische Stimmen aus der Ärzteschaft hinzu. So stellte der Arzt und Delegierte der Reichsgesundheitsführung, Speer ‚im Amtsblatt der Reichsärztekammer fest, dass Pervitin in allen Indikationsgebieten längst nicht die versprochenen Leistungen erbringen würde. Insbesondere der Dauergebrauch ohne ärztliche Kontrolle würde des Öfteren im völligen Zusammenbruch enden und stationäre Behandlung erfordern (30). Ein Mitarbeiter der Psychiatrischen und Nervenklinik der Universität Hamburg, Daube, wies an mehreren Fällen bei Pervitinmissbrauch das Auftreten von psychischen Störungen nach. Unter den Fällen befand sich auch ein Arztkollege, der täglich 60 Tablettten Pervitin verbrauchte (31).

Die Wehrmacht war zwar von den zivilen Einschränkungen des Pervitineinsatzes ausgenommen, aber nicht zuletzt auf Grund einiger kritischer Erfahrungen aus dem Westfeldzug wurde die offizielle Verteilung von Pervitin danach vermindert. Dies änderte sich erst wieder in den letzten beiden Kriegsjahren. Bei Sondereinheiten mit besonderer Beanspruchung wie beispielsweise bei den Kleinkampfmittelverbänden der Kriegsmarine, also Klein-U-Booten vom Typ „Seehund" oder Ein-Mann Torpedos vom Typ „Marder", wurde Pervitin ohnehin als unverzichtbar eingestuft. Durchhaltebefehle, wie sie im letzten Kriegsjahr häufiger wurden, steigerten ebenso wieder den Verbrauch. Folgende Weisungen des Oberkommandos der Wehrmacht (OKW 829/44 Geh.): „Die Lage zwingt dazu, jeden waffenfähigen Mann zum Kampfeinsatz zu bringen ... Verlangt wird die erforderliche Härte und Festigkeit. Überbelastungen und Verluste sind möglich. Sie können das ärztliche Gewissen nicht belasten, die Lage fordert jeden Einsatz" (32). In den letzten Kriegsmonaten brachen schließlich alle Dämme. Bei Luftalarm erhielten sogar die jungen Schüler Pervitin, die als Waffenhelfer die Flakgeschütze um Berlin bedienen mussten (33).

Der anfängliche Ruf des Pervitins als Wundermittel war zwar unter dem Eindruck vieler Testergebnisse im Krieg etwas verblasst, aber andererseits schrieb der Krieg auch immer wieder Fronterlebnisse, die man sich erzählte. Zum Beispiel die Geschichte von dem bei Stalingrad schwer verwundeten Wehrmachtssoldaten, dem Pervitin im russischen Winter bei − 38° C und unzureichender Ernährung vermutlich das Leben gerettet hat. Mit seiner Wirkung gelang es ihm, nicht hinter seiner Kolonne zurückzubleiben und von den Begleitmannschaften erschossen zu werden: „Zuletzt lief ich wie in einem Trancezustand, automatisch bewegten sich meine verwundeten Beine, Kälte spürte ich nicht mehr, auch Hunger und Durst waren ausgelöscht." (34)

50 Jahre Pervitin-Geschichte im Überblick

1938 Pervitin kommt auf den Markt	Erforschung der Wirkung in den 1930/40er Jahren	1941 Pervitin ist nur noch auf Rezept erhältlich	Systematischer Einsatz von Pervitin im 2. Weltkrieg	Die Temmler-Werke produzieren bis 1988 Pervitin, Verbot von Pervitin

Pervitin nach dem 2. Weltkrieg

Das Ende des Krieges war keineswegs gleichbedeutend mit dem Aus für die Droge Pervitin. So avancierten Methamphetamine und Amphetamine zu klassischen Lastwagenfahrerdrogen. Für Nachfrage sorgten aber nicht nur diejenigen unter den Soldaten und der Zivilbevölkerung, die Erfahrungen mit der Droge gemacht hatten, auch auf Seiten der Alliierten bestand Interesse an der nationalsozialistischen Pervitinforschung. Nach der Befreiung des Konzentrationslagers Dachau 1945 inhaftierte die CIA (Central Intelligence Agency) in einem Verhörzentrum im Taunus mit der deutschen Wissenschaftselite auch einige Mediziner, die Drogenversuche mit Menschen durchgeführt hatten. Im Verlauf der späteren Nürnberger Prozesse wurden einige der 23 Angeklagten verurteilt, aber insgesamt sieben Angeklagte freigelassen – obwohl genügend Beweise gegen sie vorlagen. Nicht zuletzt auf Basis der Erkenntnisse der umfangreichen nationalsozialistischen Drogenforschung begannen die Amerikaner unter dem Projektnamen „Artischocke" 1952 mit dem Einsatz und der Erprobung von Drogen für Verhöre. Die im Rahmen dieses geheimen Projekts gewonnenen Erkenntnisse sind in einen Leitfaden für Gefangenenverhöre eingegangen, der unter anderem im Vietnamkrieg eingesetzt wurde (35).

Bei den Forschungen zu den Verhörwirkungen von Drogen geht es im Prinzip darum, den menschlichen Verstand zu manipulieren und die Erinnerung an diese Manipulation anschließend zu löschen. Man kann davon ausgehen, dass Forschung und Forschungsergebnisse über Drogenwirkungen für alle Militärs von Interesse sind, vor allem wenn sie versprechen, die Leistungsfähigkeit, die Risikobereitschaft oder Schmerzunempfindlichkeit der Soldaten bei Kampfeinsätzen zu steigern und wenn sich die Nebenwirkungen beherrschen lassen. Aus der jüngeren amerikanischen Militärgeschichte ist der Vietnamkrieg ein bekanntes Beispiel für den umfangreichen Gebrauch von Drogen, zu denen auch Amphetamine gehörten.

In der Bundesrepublik Deutschland war Pervitin zunächst auch nach dem Krieg relativ leicht erhältlich – entweder auf dem Schwarzmarkt oder auf Rezept in den Apotheken. Studenten nutzten es vor Prüfungen als Aufputschmittel, und Ärzte verschrieben es mal als Appetitzügler oder als Stimmungsaufheller bei Depressionen. 1952 hatte Deutschland dann seinen ersten Dopingskandal bei den Rudermeisterschaften. Der deutsche Olympiaarzt Dr. Martin Brustmann wurde suspendiert, weil er an die beiden besten Achtermannschaften Dopingmittel verteilt hatte. Dabei sollen allerdings keine Pervitin-, sondern Testoviron-Tabletten verabreicht worden sein. Bei dem von den Schering-Werken hergestellten Steroid Testoviron handelt es sich um das natürliche männliche Sexualhormon Testosteron (36). Auf Betreiben des Deutschen Sportärztebundes einigte man sich dann 1953 auf die erste Antidopingkonvention der Bundesrepublik Deutschland.

Unter den in dieser Zeit am häufigsten verwendeten Drogen Coffein, Pervitin, Strychnin und Variazol wurde im Übrigen Pervitin von Oskar Wegener als das Mittel mit der stärksten und anhaltendsten Wirkung auf Kreislauf und Leistungsfähigkeit ermittelt. In seiner 1954 an der Medizinischen Fakultät der Freiburger Universität verfassten Dissertation über „Die Wirkung von Dopingmitteln auf den Kreislauf und die körperliche Leistung" stellte er fest, dass Pervitin die Leistungsfähigkeit um fast 25 % steigerte. Neben dem Verschwinden des Müdigkeitsgefühls war für Athleten besonders der euphorisierende Einfluss attraktiv, der beispielsweise das Startfieber im Wettbewerb vertreiben konnte (37).

Kein Wunder, dass zahlreiche Sportler zu Pervitin griffen, um damit ihr Schmerzempfinden zu senken und die Leistungsfähigkeit und Ausdauer zu steigern. Seit
den 1950er Jahren setzten sich Amphetamine vor allem im Radsport durch.
Immer wieder wurde die Öffentlichkeit durch auffällige Leistungssteigerungen
aber auch zunächst unerklärliche Zusammenbrüche oder sogar Todesfälle auf
Dopingprobleme aufmerksam gemacht. Vor allem die Wechselwirkungen zwischen Dosierungsfehlern und extremer körperlicher Beanspruchung waren ver-
hängnisvoll für die Sportler. Schlagzeilen machte im Jahr 1967 der Todesfall des
Radrennfahrers Tom Simpson auf der Tour de France. An seinem Todestag am
13. Juli 1967 hatte er sowohl Alkohol als auch Amphetamine im Blut (38). Viele
andere Radsportler haben inzwischen den Amphetaminkonsum zugegeben, darunter auch die deutschen Profis Rudi Altig und Dietrich Thurau (39).

Angesichts der inzwischen hinlänglich bekannten schädlichen Wirkungen des Pervitins verwundert es, dass zu den größten Pervitin-Kunden der Temmler-Werke
nach dem Krieg weiterhin das Militär gehörte. In den 1960er Jahren belieferte das
inzwischen in einen Ost- und einen Westbetrieb aufgeteilte Unternehmen sowohl
die Nationale Volksarmee (NVA) der DDR, als auch die Bundeswehr der Bundesrepublik mit Pervitin. Die Bundeswehr verteilte es zwar nicht mehr direkt an ihre
Soldaten, aber sie lagerte es bis Anfang der 1970er Jahr für den „Ernstfall" ein. In
den 1970ern wurden die Pillen aus dem Sanitätsbestand genommen. Bei Fliegern
und Spezialtruppen gehörte es noch bis 1989 zur Zusatzausrüstung. Die NVA ver-
wendete es bis 1988. Danach wurde Pervitin in ganz Deutschland verboten (40).

Damit schien das Ende der legalen Produktion angebrochen, aber die Laufbahn
des Methamphetamins setzte sich mit dem Aufschwung der illegalen Produktion
fort. Den Ausschlag gab möglicherweise ein Mitte der 1980er Jahre von dem
amerikanischen Chemiker Steve Preisler (alias „Uncle Fester") unter dem Titel
„Secrets of Methamphetamine Manufacture" veröffentlichtes Buch, das in der
Drogenszene wie eine Art Kochbuch mit Rezeptcharakter genutzt wurde (41).

Im militärischen Bereich scheint die deutsche Geschichte leistungssteigernder
Drogen und vermutlich auch der amphetaminartigen Stimulanzien noch nicht
abgeschlossen. Sie setzt sich tendenziell durch eine Anregung des Wehrmedizini-
schen Beirats des Bundesministers der Verteidigung der Bundesrepublik Deutschland weiter fort. Dieser aus unabhängigen Wissenschaftlern bestehende Bei-
rat schlug vor, über die Verwendung leistungsoptimierender Substanzen in der
Bundeswehr nachzudenken, vorausgesetzt die Vergabe der Präparate unterliege
strengen Kontrollen. Die Empfehlung des Beirats, die in Form einer Resolution
im April 2008 verabschiedet wurde, war einstimmig. Sie wurde von Alexander
Ehlers, einem Mitglied des Beirats, in ihrem Kern in der 3sat-Sendung „Drogen
im Krieg" so formuliert: „In besonderen Situationen, wo unter Abwägung der
Vor- und Nachteile – im Sinne einer ultima ratio – eine Situation auftritt, wo der
Soldat – im Einzelfall wohlgemerkt – ein solches Arzneimittel braucht, kann das
unter Umständen angebracht sein." (42)

2.3 Kristallines Methamphetamin: Wirkungen – Folgen und Behandlung von Abhängigkeit

Kristallines Methamphetamin ist eine Droge, die einem Nutzer durch ihre schnelle Wirkungsweise auch schnell das bieten kann, was er – aus welchen Gründen auch immer – schnell erreichen möchte: wach, fit, leistungsfähig und „gut drauf" zu sein.

Die chemische Bezeichnung für die in Labors synthetisch hergestellte Droge Methamphetamin lautet N-methyl-alpha-Methylphenethylamin. Methamphetamin kennt man in Europa auch unter den Bezeichnungen Crystal Meth, C, Meth oder Crystal und in den USA auch als Ice, Glass oder Crystal Speed. Es gehört zu den Stoffen, die Erlebnisse und Gefühle von Menschen intensiver gestalten können. Das Methamphetamin-Salz kann in verschiedenen Formen konsumiert werden. Dabei tritt die Wirkung je nach Dosis unterschiedlich rasch ein. Für gewöhnlich zeigt sich bei einer mittleren Dosierung (etwa 10–30 Milligramm) die Wirkung

- beim Rauchen zwischen 1 Minute und 3 Minuten,
- beim Spritzen (intravenöse Injektion) in weniger als 1 Minute und
- beim Schnupfen/„Sneefen" (nasal) nach etwa 5 bis 10 Minuten.

In Tablettenform (etwa bei oraler Einnahme sogenannter Thai-Pillen) beginnt Methamphetamin nach 20 bis 30 Minuten zu wirken.

Nicht selten stellt sich bei den ersten Anwendungen ein Gefühl von Grandiosität ein. Eine Art Lerneffekt, der von großer Bedeutung dafür sein dürfte, dass „Crystal" (C) weiter konsumiert wird. Zu solchen als positiv erlebten psychotropen Akuteffekten gehören (43):

- „Gefühle von Euphorie und Aufgeputschtsein,
- Steigerung der körperlichen Leistungsfähigkeit und Bewegungsdrang,
- erhöhter Kontaktwunsch und Rededrang,
- Erhöhung der Risikobereitschaft und gesteigertes Selbstbewusstsein,
- Steigerung des sexuellen Verlangens sowie Erhöhung der Bereitschaft für riskante sexuelle Praktiken,
- Unterdrückung von Hunger, Durst, Schlafbedürfnis und Schmerzempfinden,
- Verminderung des Körpergewichts infolge des herabgesetzten Hungergefühls sowie des gesteigerten Bewegungsdranges,
- als unangenehm empfundene Gefühlszustände/Emotionen besser aushalten können."

Wie erklärt man sich die oben beschriebenen Effekte?

Methamphetamin ist eine synthetische Substanz, die das zentrale Nervensystem stimuliert. Wie alle psychoaktiven Substanzen wirkt Methamphetamin vor allem bei der Verarbeitung von Sinneseindrücken im Gehirn. Sinneseindrücke werden durch Nervenzellen in Form von elektrophysiologischen Impulsen und durch chemische Botenstoffe (Neurotransmitter) weitergeleitet. Zu diesen Botenstoffen gehören beispielsweise Noradrenalin, Dopamin und Serotonin. Noradrenalin regt besonders das Herz-Kreislauf-System an. Die im Volksmund als „Glückshormone" bezeichneten Botenstoffe Dopamin und Serotonin spielen hingegen bei der Regulation von Gefühlen und in Bezug auf Motivation und Antriebssteigerung eine bedeutsame Rolle. Serotonin bringt Glücksgefühle mit sich und hellt die Stimmung auf. Dopamin ist mitverantwortlich dafür, dass wir Freude empfinden und dass wir etwas gerne tun.

Gerade die schnellere und stärkere Dopaminausschüttung durch Methamphetamin macht diese Droge so wirksam: Sie beeinflusst unser Belohnungssystem im Gehirn und lässt uns die Welt und alles, was wir tun, in einem wundervollen Glanz erscheinen. Was sich dabei im Gehirn abspielt, ist noch nicht in allen Einzelheiten geklärt, kann aber mithilfe einer Modellvorstellung vereinfacht dargestellt werden.

Vom Zellkörper einer Nervenzelle zweigen zahlreiche kurze, astartige Fortsätze ab, die Dendriten. Ferner gehört zu jeder Nervenzelle ein langer Fortsatz, das Axon. Es endet in Verzweigungen, den Endknöpfchen, auch als Endkölbchen bezeichnet (s. Abbildung 3).

Nervenzellen – Reizweiterleitung

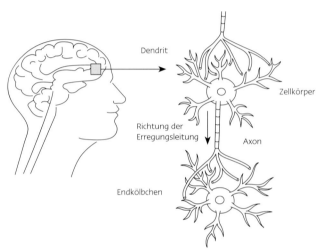

Gelangt ein Signal in die Dopaminnervenzelle, wird der Transmitter ausgeschüttet. Dieses Dopamin bindet an den Rezeptor. Über geöffnete „Kanäle" wird das Signal dann weitergeleitet. Hat das Dopamin gewirkt, kehrt es über „Pumpen" wieder in die präsynaptischen Vesikel zurück. Es steht dann für einen neuen „Befehl" wieder zur Verfügung.

Abbildung 3

Reizweiterleitung im Bereich des synaptischen Spalts

Präsynapse mit Vesikeln, die Dopamin enthalten und ausschütten

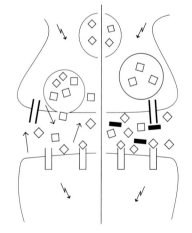

Als fettlösliches Molekül überwindet Methamphetamin (s. schwarze Balken) die Blut-Hirn-Schranke und dringt leicht ins Gehirn ein. Aus den Vesikeln wird verstärkt Dopamin ausgeschüttet. Es verbleibt nun aber für längere Zeit im synaptischen Spalt, denn Crystal Meth blockiert die „Pumpen" und damit die Wiederaufnahme des Dopamins. So wird dem Konsumenten ein Glücksgefühl verschafft. Doch wenn er wieder im Alltag ankommt, sind die Dopamin-Vorräte aufgebraucht: Er fühlt sich erschöpft oder gereizt und kann sich nur schwer wieder für etwas motivieren.

Postsynapse mit Rezeptoren, die Dopamin aufnehmen

Abbildung 4

Die Informationsweitergabe in Nervenzellen erfolgt durch Nervenimpulse. Den Übergang zwischen zwei Nervenzellen bildet die Synapse. Über die Synapse gelangen Nervenimpulse an die Dendriten der Folgezelle und werden über das lange Axon zu den Endknöpfchen und der nächsten Synapse weitergeleitet. An der Synapse werden Informationen verrrechnet, sodass Signale verstärkt oder minimiert werden können. Zwischen den Endknöpfchen und den die Erregung aufnehmenden Strukturen der Folgezelle befindet sich der synaptische Spalt. Der Botenstoff Dopamin (Neuroransmitter) selbst ist in bläschenartigen Gebilden gespeichert, den synaptischen Vesikeln.

Wenn man im Alltag „im Normalzustand" Glücksmomente erlebt, spielt sich in unserem Nervensystem ein natürlicher Vorgang ab (s. Erläuterung im rechten Bereich von Abbildung 3). Wenn aber Crystal Meth ins Spiel kommt, gestaltet sich dieser Prozess im Gehirn andersartig (s. die Erläuterung im rechten Bereich von Abbildung 4).

Wird der Organismus durch diese „Glückshormone" gleichsam geflutet, scheinen Grundbedürfnisse wie Schlafen, Hunger, Durst, aber auch Schmerzempfinden für den Crystal-Nutzer kaum noch eine Rolle zu spielen. Wirkungsdauer und Intensität der Substanz sind dabei nicht nur abhängig von der Gewöhnung des Anwenders an Methamphetamin (Toleranz), sondern auch von der Konsumform, der Qualität des „Stoffes" und der gesundheitlichen Verfassung des Nutzers. Nach der Aufnahme in den Körper verteilt sich der Wirkstoff im Blut, tritt innerhalb von Minuten ins Hirngewebe und reichert sich dort an. Wie schnell dann Crystal vor allem mit dem Urin wieder aus dem Organismus ausgeschieden wird, ist von Person zu Person verschieden.

Was die langfristigen physischen und psychischen Effekte durch dauerhaften Methamphetamingebrauch betrifft, werden immer wieder folgende Schädigungen beschrieben (44):

- „Psychosen auf Grund von C-Vergiftung und Überdosierungen
- Schlafstörungen, Schlafentzugspsychosen
- Hautveränderungen und -entzündungen
- Pickel-Aufkratzen in Form von ständig wiederholten Handlungen
- Zersetzung der Nasenscheidewand möglich durch sneefen
- Starker Gewichtsverlust, Untergewicht, im Verlauf Gewichtszunahme und beim Aufhören JOJO-Effekt mit Gewichtszunahme
- erhebliche Schädigung der Zähne
- gesteigertes Aggressionspotential
- Depressionen
- Panikattacken, Angstzustände
- deutliche Persönlichkeitsveränderungen
- Absterben von Nervenzellen (langfristig beeinträchtigte Merkfähigkeit, Konzentrationsstörung, Wortfindungsstörungen/„verspult sein")
- Magenschmerzen, Magendurchbruch
- Beeinträchtigungen des Monatszyklus bei Frauen
- Herzrhythmusstörungen/Erhöhung des Blutdrucks
- Auch Hirnblutungen und Risse in den Hauptschlagadern möglich
- Nierenschädigung bei Hyperthermie (Überhitzung des Körpers)
- Schwächung des Immunsystems, erhöhte Infektanfälligkeit
- Entwicklung einer Abhängigkeitserkrankung
- gelegentlich gekoppelt [mit anderen stoffgebundenen Suchtformen sowie, der Verfasser] mit Glücksspielsucht und/oder Sexsucht"

Wer sich entschließt, unter seine Crystal-Abhängigkeit einen Schlussstrich zu ziehen, der kann jene bewährten Wege beschreiten, die im Grunde für die meisten Suchttherapien gelten (45).

Zur Behandlung einer Methamphetamin-Abhängigkeit

Die Entgiftung des Körpers kann unter Umständen ambulant durch Unterstützung des Hausarztes oder über eine Suchtberatung durchgeführt werden. Dies gilt vor allem für diejenigen Patienten, die Crystal relativ wenig oder gelegentlich konsumiert haben. Die Suchtberatung spielt dabei eine entscheidende Rolle, denn ihre Bedeutung besteht im Wesentlichen darin, den Patienten wieder für das „alltägliche Leben" handlungsfähig zu machen und die Abstinenz aufrecht zu erhalten.

Langjährige Crystal-Nutzer, die etwa ein Gramm Methamphetamin täglich „brauchen", haben dagegen einen langen Weg in Form einer Langzeittherapie vor sich. Am Anfang der Behandlung steht die körperliche Entgiftung. Sie dauert in der Regel einige Tage bis höchstens zwei Wochen. Dazu kommt ferner ein Gesundheitscheck, denn meist sind die Crystal-Abhängigen körperlich in einer schlechten Verfassung. Viele Patienten kommen mit Untergewicht, schlechtem Zahnstatus, Magengeschwüren, Herz-Kreislauf-Erkrankungen oder Konzentrationsproblemen in die Klinik. Im Rahmen der Therapie können dann Ernährungsberatung, Raucherentwöhnung, Entspannungstraining oder Sporttherapie wichtige Bausteine sein, um das Selbstwertgefühl der Patienten zu steigern. Im Übrigen fällt es diesen Menschen nicht leicht, sich für etwas zu motivieren, denn Crystal Meth wirkt unmittelbar auf das sogenannte Belohnungssystem im Gehirn ein und schädigt es.

Dazu kommt eine ausführliche Suchtanamnese, eine Erfassung der Suchtgeschichte. An diesem Punkt kommen die Patienten in Kontakt mit dem Therapeuten, der sie besonders intensiv begleitet und versucht, die psycho-soziale Situation zu klären und zu verbessern. Dabei helfen Einzel- sowie auch Gruppensitzungen. Wesentliches Ziel ist es, dass die Patienten lernen sollen, wie sie ohne Gebrauch der Droge ihr Leben in den Griff bekommen können.

An die Engiftungsbehandlung schließt sich die Entwöhnungstherapie an. Um das Zusammenleben in dieser Therapiephase, die bis zu 6 Monate beanspruchen kann, zu erleichtern, müssen bestimmte Verhaltensregeln eingehalten werden. Höflichkeit und Rücksichtnahme gehören genauso dazu wie gegenseitiger Respekt. Da die Patienten sich in der Regel über Jahre in einem Umfeld bewegt haben, wo diese Verhaltensweisen kaum oder wenig Bedeutung hatten, müssen die sozialen Kompetenzen trainiert werden, wie etwa das Zusammenleben-Können mit anderen, das Entwickeln eines Gemeinschaftsgefühls, Fähigkeiten zur Konfliktlösung oder das Übernehmen von Verantwortung. Dabei geht es nicht selten um so grundlegende Anforderungen wie das Einhalten fester Termine oder das Sich-Konzentrieren auf ein Gespräch. All diese sozialen Kompetenzen müssen allmählich trainiert und aufgebaut werden, da die Patienten infolge des langen Drogenkonsums meist emotional und sozial eingeschränkt sind.

Ziel eines erfolgreichen Aufenthalts in einer Klinik ist es schließlich, dass die Patienten wieder so stabil und handlungsfähig sind, dass sie ihren Lebensalltag meistern können.

2.4 Prävention

Wenn hier im pädagogischen Sinne von Prävention (von lateinisch prävenire: zuvorkommen) gesprochen wird, dann sind damit all jene Aktivitäten gemeint, die es Kindern und Jugendlichen ermöglichen können, in einem höheren Maße Selbstverantwortung für ihre Gesundheit zu übernehmen. In Schule und Unterricht geht es dabei vor allem um die altersangemessene Gestaltung gemeinsamer Aneignungs-, Verarbeitungs- und Veröffentlichungsprozesse,

☐ die sich auf die Erfahrungen, Interessen und „Lebensthemen" von Lehr-/ Lerngruppen beziehen,

☐ die die handlungsbezogene und sachlich-kritische Auseinandersetzung mit gesundheitlichen Schutz- und Risikofaktoren zum Ziel haben und

☐ die der Entwicklung von gesundheitsbewusstem Verhalten und Handeln dienen können.

Bezogen auf die Sucht- und Drogenprävention orientieren wir uns dabei an einer weit verbreiteten Kategorisierung, die auf Robert S. Gordon (46) zurückgeht. In seinem Präventions-Modell werden drei Präventionsarten unterschieden, die sich an „Zielgruppen" mit unterschiedlicher Risikobelastung richten: die universelle, die selektive und die indizierte Prävention. Diese Präventionsarten beziehen sich auf Personen, die gesundheitlich aktuell nicht beeinträchtigt sind und daher auch nicht medizinisch behandelt werden (s. folgende Übersicht).

Beim Blick auf die Übersicht wird erkennbar, dass die Bedeutung schulischer Sucht- und Drogenprävention primär im Bereich der universellen Prävention liegt, wenn es darum geht, die gesundheitsbezogene Selbst-, Sozial- und Sachkompetenz von Kindern und Jugendlichen zu fördern. Doch auch die selektive und indizierte Prävention spielt für die schulische Präventionsarbeit insofern eine bedeutsame Rolle, weil es ihr darum geht, alle Kinder und Jugendlichen zu erreichen und ihnen in psychischen, sozialen und physischen Problemlagen zu helfen.

Präventionsart	Zielgruppe
Universell	Die universelle Prävention richtet sich gleichsam an die gesamte Bevölkerung. Sie hat die Förderung und Erhaltung der Gesundheit zum Ziel. Tendenziell sind universelle Ansätze ohne spezifischen Problembezug, können aber auch gezielt gesundheitlich relevante Themen aufnehmen, wie beispielsweise „Rauchen". Wesentliche Zielgruppen für die Sucht- und Drogenprävention sind in diesem Sinne Kinder und Jugendliche, deren Lebenskompetenz es zu fördern gilt.
Selektiv	Die selektive Prävention richtet sich an Personen, die bereits Drogen gebrauchen oder einem erhöhten Risiko ausgesetzt sind, dies zu tun.
Indiziert	Die indizierte Prävention richtet sich an Personen, die bereits Probleme mit Drogenkonsum haben oder gefährdet sind, eine Drogenabhängigkeit zu entwickeln.

Dass dies von Lehrkräften mehr erfordert als das gemeinsame Lernen über Sucht/ Abhängigkeit und Drogen, ist evident. Dass pädagogisches Handeln in der „Institution Schule" aber bei der Auseinandersetzung mit kritischen Lebenssituationen von Kindern und Jugendlichen auch an ihre Grenzen stößt, dürfte ebenso deutlich sein. Das heißt, schulische Sucht- und Drogenprävention hat tendenziell auch immer externe Partner aus der Familien-, Kinder- und Jugendhilfe, Erziehungs- und Gesundheitsberatung in ihre „Sozialarbeit" mit einzubeziehen. Lehrkräfte haben in diesem Sinne ihre Schülerinnen und Schüler aufmerksam wahrzuneh- men und von Fall zu Fall fürsorglich zu klären, ob und wie beispielsweise Interven- tionen über die Schulung von Bezugspersonen, über sozialpädagogische Arbeit, über die Suchthilfe/-beratung angebahnt werden können.

Wie bereits eingangs skizziert wurde, scheint Methamphetamin zum Mythos der Leistungsgesellschaft zu „passen". Die Vorstellung davon, dass individuelle Anstrengungen zum Erfolg in Schule, Ausbildung und Berufszweigen aller Art führen können und mit entsprechenden Gütern wie Einkommen, Einflussnahme, Prestige und Vermögen korrespondieren, wird Kindern und Jugendlichen als gesellschaftliche Norm direkt und indirekt über die Familie, die Schule oder die veröffentlichte Meinung in den Medien vermittelt. So verwundert es nicht, dass Heranwachsende und Erwachsene in all den Lebenssituationen, in denen Leistun- gen erforderlich sind oder gesteigert werden sollen, jedoch nicht oder nur schwer erbracht werden können, vielleicht zu „Hirndoping-Mitteln" wie Speed oder Crystal greifen, weil sie Wachsein und die Steigerung der Leistungsfähigkeit versprechen. Dass dabei auch Schule, Ausbildung und Studium wegen ihrer impliziten Leis- tungsorientierung (Stichwort: Qualifikations- und Selektionsfunktion der Schule) eine Rolle spielen, lassen die folgenden Aussagen von jungen ATS-Konsumenten erkennen (s. Kasten).

„Ich konsumiere gelegentlich, weil ich weiß, dass meine schulischen Leis- tungen dadurch besser werden und es mir leichter fällt, am Unterricht teilzunehmen."

„Dies ist vorrangig in meinem Studium der Fall [...]. Dabei ist es mir wichtig, dass ich kein Kraftfahrzeug mehr fahre."

„Beim Tanzen, erhöhte Ausdauer, längeres Wachbleiben [...] dann eigentlich nicht mehr und in der Meisterschule habe ich es als Leistungsfaktor benutzt."

„Teilweise um die langweilige Ausbildung wach durchzustehen."

„2008: ab und zu vor, während und nach dem Unterricht/Schule konsumiert, um in der Schule und danach im REWE an der Kasse (Aushilfe) wacher und fitter zu sein."

Quelle: Zentrum für interdisziplinäre Suchtforschung der Universität Ham- burg: Amphetamin und Methamphetamin – Personengruppen mit miss- bräuchlichem Konsum und Ansatzpunkte für präventive Maßnahmen. Sach- bericht. Hamburg 2014, S. 64

Ansatzweise wird bei diesen Aussagen erkennbar, dass Amphetamin/Metham- phetamin nicht nur freizeitbezogen konsumiert wird, sondern auch Motiven folgt, „die bei anderen Drogen so nicht zu beobachten sind. So dient (der Konsum) nicht [nur] als Form des adoleszenten Protests oder des Austestens von Verbotenem, sondern auch als Mittel zur Leistungssteigerung und zur Erreichung ‚bürgerlicher' Ziele" (47).

Realistisch betrachtet hätten wir es in der Schule also auch mit ATS-Konsumenten zu tun, die oberflächlich das Leistungsprofil zeigen, das in Schule und Unterricht von Schülerinnen und Schülern erwartet wird. Wie kann man diese jungen Leute erreichen, die den Konsum von Methamphetamin in der Regel auch (anfänglich) als positiv erleben, und wie man kann mit ihnen im Gespräch bleiben? Abschreckung dürfte sich dabei im Sinne von selektiver und indizierter Prävention als kontraproduktiv erweisen. Schreckensbilder entstellter Gesichter, wie sie vielfach in der deutschen Presse gezeigt wurden und werden, haben beispielsweise wenig mit der Realität von (gelegentlichen) Crystal-Konsumenten zu tun und dürften daher das Ziel verfehlen, sich nachdenklich und konstruktiv mit dem eigenen Konsumverhalten auseinander zu setzen. Worauf man aber bei gemeinsam geplanten Erfahrungsprozessen in einer Schule setzen kann, die sich als Lern- und Lebensort versteht, sind allgemeine Grundsätze zeitgemäßer schulischer Sucht- und Drogenprävention:

☐ Präventive Ansätze haben sich an den Erfahrungen, Lebensthemen, Interessen und Bedürfnissen der Heranwachsenden zu orientieren und diese respektvoll in die Diskussion einzubeziehen.

☐ Im Rahmen schulischer Prävention sind sachlich fundierte, realistische, dem gegenwärtigen Stand der Sucht- und Drogenforschung entsprechende Informationen zu vermitteln.

☐ Schulische Prävention kann nur gelingen, wenn sie von einer Atmosphäre des Vertrauens, der Glaubwürdigkeit, der Fürsorge, der Ermutigung und der gegenseitigen Achtung und der Toleranz getragen ist (48).

Auf diese Leitsätze bezogen wird ein komplexes Bündel von Zielvorstellungen für gemeinsame Erfahrungsprozesse formuliert, die einer permanenten Reflexion bedürfen (vgl. auch S. 6 ff.).

In Bezug auf *Selbsterfahrungen* geht es darum,

☐ sich selbst und anderen näher zu kommen und bereit zu sein, sich produktiv mit eigenen Stärken und Schwächen auseinanderzusetzen,

☐ eigene Lebenssituationen auf ihren jeweiligen Risikogehalt und auf Veränderungs- und Gestaltungsmöglichkeiten hin zu untersuchen,

☐ sich mit eigenen Lebensentwürfen realitätsbezogen auseinanderzusetzen sowie

☐ den eigenen Lebensstil zu reflektieren, vor allem im Hinblick auf die Nähe und Distanz zu legalen und illegalen Drogen.

In Bezug auf *Sozialerfahrungen* geht es darum,

☐ sich die Bedeutung und Funktion von Freundschaften/Partnerschaften im Lebenszusammenhang bewusst zu machen,

☐ zu entdecken, wie sich soziale Konflikte in der Gruppe der Gleichaltrigen, in Familie, Schule oder Betrieb gewaltfrei, rational und kommunikativ lösen lassen,

- ☐ sich mit den aktuellen Trends, Moden und Ausdrucksformen in der eigenen Generation zu beschäftigen und sie auf ihren kommerziellen Hintergrund hin zu untersuchen und zu bewerten sowie

- ☐ Lebens-, Feier- und Selbstdarstellungsformen zu diskutieren, die sowohl mit als auch ohne den Konsum von (Alltags-)Drogen Genuss, Spaß, Freiheit, Gemeinsamkeit und Offenheit vermitteln.

In Bezug auf die *stoffbezogenen Sacherfahrungen* geht es hier darum,

- ☐ sich kritisch mit der psycho-sozialen Bedeutung/Funktion des Amphetamin-/ Methamphetamin-Konsums auseinanderzusetzen,

- ☐ sich über die Wirkungen und Risiken des Amphetamin-/Methamphetamin-Konsums zu informieren und diese sachlich zu diskutieren,

- ☐ herauszufinden, wie man sich in „Verführungssituationen" argumentativ und konsequent behaupten kann sowie

- ☐ Angebote der Sucht-/Drogenberatung und -hilfe zu kennen und bereit zu sein, sie gegebenenfalls in Anspruch zu nehmen.

Anmerkungen und Literatur

(1) Die Drogenbeauftragte der Bundesregierung, Bundesministerium für Gesundheit (Hg.): Sucht- und Drogenbericht Juli 2014, S. 2

(2) Sucht- und Drogenbericht Juli 2014, a.a.O., S. 34

(3) Ob aber schon von „Überschwemmung" gesprochen werden kann, ist fraglich. Vgl. dazu Haupt, H./Härtel-Petri, R.: Crystal Meth. Wie eine Droge unser Land überschwemmt. München 2014

(4) vgl. dazu beispielsweise: Zentrum für interdisziplinäre Suchtforschung der Universität Hamburg: Amphetamin und Methamphetamin – Personengruppen mit missbräuchlichem Konsum und Ansatzpunkte für präventive Maßnahmen. Sachbericht. Hamburg 2014, S. 8; Download im Internet unter: https://www.bundesgesundheitsministerium.de/fileadmin/dateien/Publikationen/Drogen_Sucht/Forschungsberichte/ATS-Bericht_final.pdf. Letzter Zugriff am 07.10.2015

(5) vgl. dazu besonders Bundeszentrale für gesundheitliche Aufklärung (Hg.): Arzneimittel. Materialien für die Suchtprävention in den Klassen 5-10. Köln 2003, S. 29 ff.

(6) vgl. dazu beispielsweise: Bundeszentrale für gesundheitliche Aufklärung (Hg.): Die Drogenaffinität Jugendlicher in der Bundesrepublik Deutschland 2011. Köln 2012. In dieser Studie spielen illegale Drogen wie „(...) Ecstasy, LSD, Amphetamine, Kokain, Crack, Heroin, Schnüffelstoffe und psychoaktive Pflanzen im Vergleich zu Cannabis eine deutlich geringere Rolle...". Dies gilt sowohl für die 12- bis 17-Jährigen und 18- bis 25-Jährigen insgesamt als auch für die männlichen und weiblichen Befragten in diesen Altersgruppen; ebenda S. 49

(7) Als symbolisches Zeitzeichen kann man auch die vielfach ausgezeichnete US-amerikanische Fernsehserie Breaking Bad (2008–2013) verstehen. In dieser „Kult-Serie" gerät der krebskranke Chemielehrer Walter White auf die schiefe Bahn. Um seine Krankheit therapieren zu lassen und um seine Familie materiell abzusichern, beginnt er hochwertiges Methamphetamin herzustellen und auf dem Drogenmarkt zu vertreiben. Damit wandelt er sich mehr und mehr vom „rechtschaffenen" Bürger zum skrupellosen Kriminellen.

(8) Bundeskriminalamt (Hg.): Rauschgiftkriminalität Bundeslagebild 2013. Wiesbaden 2013, S. 14

(9) Im Internet kursieren im Übrigen zahlreiche „Anleitungen" zum Herstellen von Crystal Meth. Aktuell kosten im Durchschnitt ein Gramm Kokain 50,– bis 80,– € und ein Gramm Crystal je nach Region 10,– bis 70,– € auf dem illegalen Drogenmarkt.

(10) Zentrum für interdisziplinäre Suchtforschung der Universität Hamburg: Amphetamin und Methamphetamin – Personengruppen mit missbräuchlichem Konsum und Ansatzpunkte für präventive Maßnahmen. Sachbericht. Hamburg 2014; Download unter: https://www.bundesgesundheitsministerium.de/fileadmin/dateien/Publikationen/Drogen_Sucht/Forschungsberichte/ATS-Bericht_final.pdf. Letzter Zugriff am 07.10.2015

(11) Amphetamine wie Speed, Ectasy oder Crystal werden nicht selten im Fitnesssport genutzt, weil sie den Stoffwechsel ankurbeln und vor dem Training eine beschleunigte physiologische Aktivierung sowie psychologische Einstimmung ermöglichen können; vgl. dazu Kläber, M.: Körper-Tuning. Medikamentenmissbrauch im Fitness-Studio. In: Sport und Gesellschaft, Heft 3/2010, S. 231

(12) Milin, S. u.a.: Kurzbericht. Amphetamin und Methamphetamin. Personengruppen mit missbräuchlichem Konsum und Ansatzpunkte für präventive Maßnahmen. Zentrum für interdisziplinäre Suchtforschung der Universität Hamburg, S. 2; Download unter: https://www.bundesgesundheitsministerium.de/fileadmin/dateien/Publikationen/ Drogen_Sucht/Kurzbericht/2014-03-25_Kurzbericht_Crystal_Meth.pdf. Letzter Zugriff am 07.10.2015

(13) Galert, T/Bublitz, C./Heuser, J. u. a.: Das optimierte Gehirn. Memorandum Neuro-Enhancement. In: Gehirn und Geist, Heft 11/2009, S. 1–12

(14) Ähnlich äußerte sich 1943 der Arzt und Dichter Gottfried Benn, der sich auch gelegentlich selbst Pervitin verschrieb, in seinem Essay „Provoziertes Leben". Pervitin könnte (...) „zielbewußt für Zerebraloszillationen in höheren Schulen eingesetzt werden. Das klingt wahrscheinlich manchem abwegig, ist aber nur die natürliche Fortführung einer Menschheitsidee." In: Gottfried Benn Sämtliche Werke. Stuttgarter Ausgabe, herausgegeben von Gerhard Schuster. Band 4 – Prosa 2. Stuttgart 1989, S. 317; vgl. zur Debatte auch: Lieb, K.: Hirndoping. Warum wir nicht alles schlucken sollten. Düsseldorf 2010

(15) DAK-Gesundheitsreport 2009. Analyse der Arbeitsunfähigkeitsdaten. Schwerpunktthema Doping am Arbeitsplatz. Hamburg 2009

(16) DAK-Gesundheitsreport, a.a.O, S. 105

(17) DAK-Gesundheitsreport, a.a.O., S. 108; vgl. auch Hasler, F.: Neuromythologie. Bielefeld 2014 (4. unveränderte Auflage), S. 180 f.

(18) vgl. dazu besonders: Holzer, T.: Die Geburt der Drogenpolitik aus dem Geist der Rassenhygiene. Norderstedt 2007 sowie Pieper, W.: (Hg.): Nazis on Speed. Drogen im 3. Reich. 2 Bände. Löhrbach 2002. Hier zitiert nach Volume I und Volume II in einem Band, Löhrbach 2009. Aktuell dazu auch: Ohler, N.: Der totale Rausch. Drogen im Dritten Reich. Köln 2015

(19) vgl. Hundhausen, F. W.: Experimentell-psychologische Untersuchungen mit Pervitin bei Jugendlichen. In: Pieper Band II (2009), a.a.O., S. 521

(20) vgl. Kemper, W.-R.: Pervitin – Die Endsieg-Droge? In: Pieper Band I (2009), a.a.O., S. 128

(21) vgl. Kemper, a.a.O., S. 124 ff.

(22) vgl. Kemper, a.a.O. S. 124 ff.

(23) vgl. Holzer, a.a.O., S. 236

(24) vgl. Kemper, a.a.O, S. 126

(25) zitiert bei Frank, A.: Drogen im II. Weltkrieg. Wach und heiter und so weiter. In: taz.de vom 30.12. 2011; im Internet unter: http://www.taz.de/!84440/. Letzter Zugriff am 10.02.2015

(26) vgl. Kemper, a.a.O, S. 130

(27) Nöldecke, H.: Einsatz von leistungssteigernden Medikamenten bei Heer und Kriegsmarine. In: Pieper Band I (2009), a.a.O., S. 140

(28) vgl. Nöldecke, a.a.O., S. 138

(29) vgl. dazu Holzer, a.a.O, S. 243

(30) Speer, E.: Das Pervitinproblem. In: Deutsches Ärzteblatt, Heft 1/1941, S. 4–6; S. 15–19, zitiert bei Holzer, a.a.O., S. 241 f.

(31) vgl. Holzer, a.a.O., S. 243

(32) vgl. Vorwort: Das Drogenproblem – eine Erbe der (Vor-)Väter. In: Pieper, Band I (2009), a.a.O., S. 13

(33) vgl. Pieken, G.: Pharmazeutische Waffen – Amphetamine im Krieg. Im Internet unter: http://www.damals.de/de/8/. Letzter Zugriff am 10.02.2015

(34) vgl. Holzer, a.a.O., S. 253

(35) vgl. dazu die Dokumentareinspielung (von Minute 14:05 bis 18:15) in der 3sat-Produktion „Scobel/Drogen im Krieg". Im Internet unter: http://www.zdf.de/ZDFmediathek/beitrag/video/1633778/Drogen-im-Krieg#/beitrag/video/1633778/Drogen-im-Krieg. Letzter Zugriff am: 15.02.2015

(36) vgl. dazu Der Spiegel: Dr. Brustmanns Kraftpillen, Heft 29/1952, S. 21

(37) vgl. Eggers, E.: Peppige Panzerschokolade. In taz.de vom 18.12.2006; im Internet unter: http://www.taz.de/1/archiv/?id=archivseite&dig=2006/12/28/a0217. Letzter Zugriff am 15.02.2015

(38) D'hont, J.: Schweigen bis ins Grab. In: Der Spiegel, Heft18/2007, S. 57 ff.

(39) vgl. Der Spiegel, Heft 18/2007, S. 57

(40) vgl. Pieken, a.a.O.

(41) vgl. Härtel-Petri, R./Haupt, H.: Crystal Meth. Wie eine Droge unser Land überschwemmt. München 2014, S. 33 ff.

(42) vgl. dazu die Dokumentareinspielung (von Minute 23:35 bis 24:35) in der 3sat-Produktion „Scobel/Drogen im Krieg". Im Internet unter: http://www.zdf.de/ZDFmediathek/beitrag/video/1633778/Drogen-im-Krieg#/beitrag/video/1633778/Drogen-im-Krieg. Letzter Zugriff am: 15.02.2015

(43) nach Hilbig, K./Hahn, S./ Dobeck, M. u. a.: Crystal Meth. Betandsaufnahme DREI, herausgegeben von der Kontaktstelle Jugendsucht- und Drogenberatung der Stadtmission Chemnitz e.V. Chemnitz 2012, S. 19

(44) nach Hilbig/Hahn/Dobeck, a.a.O., S. 21 f.

(45) vgl. Härtel-Petri/Haupt, a.a.O., S. 188 ff.

(46) Gordon, R. S. (1983): An operational classification of disease prevention. In: Public Health Reports, 98 (2), S. 107–109. Download im Internet unter: http://www.ncbi.nlm.nih.gov/pmc/articles/PMC1424415/pdf/pubhealthrep00112-0005.pdf. Letzter Zugriff am 07.10.2015; vgl. dazu auch Bühler, A./Bühringer, G.: Evidenzbasierung in der Suchtprävention – Konzeption, Stand der Forschung, Empfehlungen. In: Bundeszentrale für gesundheitliche Aufklärung (Hg.): Prävention und Gesundheitsförderung in Deutschland. Köln 2015, S. 60 f.

(47) Zentrum für interdisziplinäre Suchtforschung der Universität Hamburg, a.a.O., S. 82

(48) vgl. dazu Bundeszentrale für gesundheitliche Aufklärung (Hg.): Was erhält Menschen gesund? Antonovskys Modell der Salutogenese. Köln 2001 (Erweiterte Neuauflage), als Download im Internet verfügbar unter: http://www.bzga.de/botmed_60606000.html. Letzter Zugriff am 07.10.2015. Sowie Frick, J.: Die Kraft der Ermutigung. Bern 2011 (2. Auflage), besonders die Seiten 193–227

3. Aufbau des Handlungs-Baukastens

Das folgende Handlungsangebot orientiert sich an den Interessen, Erfahrungen und Themen von Lehr-/Lerngruppen. Es will vor allem zweierlei ermöglichen:

1. Mithilfe seiner Handlungsvorschläge, Materialien und Medienangebote will es Lehr-/Lerngruppen anregen, eigene Arbeitsvorhaben zu realisieren, zum Beispiel in relevanten Bezugsfächern wie Sozialkunde, Ethik, Deutsch, Geschichte oder Biologie. Insofern eignet sich das Materialangebot für einen fächerverbindenden/fächerübergreifenden Unterricht.

2. Es will auch so offen und flexibel sein, dass Lehr-/Lerngruppen eigene Arbeitswege entwerfen und beschreiten können, zum Beispiel durch Arbeitsvorhaben unterschiedlicher Reichweite. Das heißt auch, alle Bausteine lassen sich im Sinne pädagogisch-didaktischen Kombinierens miteinander verknüpfen, wenn man beispielsweise das Anspruchsniveau von Einzelbausteinen erhöht oder verringert.

Die folgenden 10 Handlungsbausteine sind als Orientierungshilfe für die pädagogische Arbeit mit Jugendlichen gedacht.

Unter einem Handlungsbaustein verstehen wir ein Planungswerkzeug, mit dessen Hilfe pädagogische Fachkräfte im schulischen und gegebenenfalls auch im außerschulischen Bereich Arbeitszusammenhänge planen und realisieren können.

Die einzelnen Bausteine wurden im pädagogischen Alltag erprobt und können gleichsam als Montageteile genutzt werden, um Aktivitäten mit Lehr-/Lerngruppen zu organisieren. Jeder Handlungsbaustein setzt sich mit einem besonderen Thema auseinander. Je nach Interesse oder Ausgangssituation einer Gruppe kann ein Baustein für die gemeinsame Arbeit ausgewählt und unabhängig von den anderen genutzt werden. Dies bedeutet auch, dass man die Einzelbausteine selbstbestimmt kürzen, erweitern, verändern und – wenn es das Handlungsgeschehen mit sich bringt – neu miteinander kombinieren kann. Auf diese Weise lassen sich die Bausteine flexibel verwenden.

Alle Bausteine sind einheitlich gegliedert und beziehen sich im Wesentlichen auf das Gliederungsmuster der Bausteine des Themenheftes „Arzneimittel" (1). Sie enthalten orientierende Angaben

- zum Thema des Bausteins,
- zur Unterrichtsintention,
- zum Fachbezug,
- zu Materialien und Medien,
- zur Kombination mit anderen Bausteinen des Themenheftes „Crystal Meth" sowie
- zur Kombination mit Bausteinen des Themenheftes „Arzneimittel" (2).

Die Bausteine liefern keine Handlungsrezepte, sondern bieten Handlungsziele und Handlungslinien an, die immer wieder in Beziehung zum besonderen pädagogischen Kontext einer Gruppe zu setzen sind. Dies bedeutet vor allem die Auseinandersetzung mit Fragen, die sich auf

- die Zusammensetzung einer Gruppe (z. B. Alter, Herkunft, Schulzweig, Ausbildung),
- das soziale Klima einer Gruppe (z. B. Umgangsformen, Vertrautheit, Cliquenbildungen),
- die Interessen, Bedürfnisse und Erfahrungen einer Gruppe (z. B. Methoden- und Medienkompetenz, Gesprächs- und Handlungsbereitschaft oder Erfahrungen mit Sucht- und Drogenprävention) sowie
- die zeitlichen, räumlichen und materiellen Voraussetzungen beziehen.

Die Handlungslinien verstehen sich als Handlungsvorschläge. Bei der Skizzierung eines Handlungszusammenhanges werden auch Arbeitsergebnisse und Aussagen von Jugendlichen aus den Erprobungen wiedergegeben. Materialien (M), die im Rahmen eines Handlungszusammenhanges genutzt werden können, folgen im Anschluss an die Handlungsbausteine. Diese Materialien können kopiert werden. So lassen sich mit ihrer Hilfe

- Arbeitsunterlagen für eine Gruppe und/oder
- Folien für das Arbeiten/Präsentieren mit interaktivem Whiteboard, Beamer oder Overhead-Projektor herstellen.

Anmerkungen

(1) vgl. dazu besonders Bundeszentrale für gesundheitliche Aufklärung (Hg.): Arzneimittel. Materialien für die Suchtprävention in den Klassen 5–10. Köln 2003, siehe hier auch S. 105
(2) Es handelt dabei vor allem um die Bausteine, die für die Klassenstufe 9/10 bestimmt sind. Siehe Themenheft „Arzneimittel", a.a.O., S. 119–166

4. Die Bausteine des Handlungs-Baukastens

Im Folgenden sind die Handlungsbausteine für die Klassen 8 bis 10 und 11/12 zusammengestellt.

Für die Klassen 8 bis 10 werden sieben Handlungsbausteine angeboten, und für die Klassenstufe 11/12 besteht das Angebot aus drei Handlungsbausteinen, die sich für fächerübergreifende/fächerverbindende Arbeitsvorhaben nutzen lassen.

4.1 Die Bausteine für die 8. bis 10. Klasse

Zwei inhaltliche Schwerpunkte werden für die Auseinandersetzung mit dem Thema in den Klassen 8 bis 10 angeboten.

Zum einen geht es um die gemeinsame „Untersuchung der Erlebnis- und Freizeitkultur Jugendlicher". Dabei steht besonders die Bearbeitung folgender Fragen im Mittelpunkt:

- Was verstehen wir unter einer Party/Feier und welche Bedeutung hat das Wochenende für uns?
- Welche Rolle spielen leistungssteigernde Substanzen beim „Feiern"?
- Wie lässt sich womöglich „alltägliches Wohlbefinden" erreichen?

Zum anderen wird das Thema „Leistung und Psychostimulanzien" aufgenommen. Folgende Fragen stehen dabei im Mittelpunkt des Unterrichts:

- Was ist Leistung und welche Rolle spielt sie in unserem Leben?
- Welche Bedeutung und Wirkung haben aufputschende Substanzen wie Amphetamin/Methamphetamin?
- Was kann man selbst für seine Leistungsfähigkeit tun?

Für die Förderung von *Selbstkompetenz* eignen sich vor allem folgende Bausteine:
- ☐ **Baustein 1:**   Meine Woche = deine Woche?
- ☐ **Baustein 2:**   Gute Zeiten, schlechte Zeiten

Für die Förderung von *Sozialkompetenz* eignen sich vor allem folgende Bausteine:
- ☐ **Baustein 3:**   Womit man Schlagzeilen machen kann …
- ☐ **Baustein 4:**   Von Fall zu Fall

Für die Förderung von *Sachkompetenz* eignen sich vor allem folgende Bausteine:
- ☐ **Baustein 5:**   Crystal – vom „Rush" zum „Crash"
- ☐ **Baustein 6:**   Crystal – wie es im Körper wirkt
- ☐ **Baustein 7:**   Methamphetamin – was im Gehirn geschieht

B 1

Meine Woche = deine Woche?

Thema:

Erlebnis- und Freizeitkultur Jugendlicher

Intention:

Aufmerksam werden auf die eigene und fremde Erlebnis- und Freizeitkultur (Partykultur) und sich mit Lebensgefühlen/-bedürfnissen auseinandersetzen

Fachbezug:

Sozialkunde, Deutsch

Materialien/Medien:

- ☐ M 1: Meine Woche = deine Woche?
- ☐ für Einzel- und Gruppenarbeit: diverse Wort-/Plankarten
- ☐ für Zeitleisten: Packpapier, farbige Filzstifte, Scheren, Klebstoff, Stellwände
- ☐ für „Platzdeckchen": diverse Kopien des Cartoons, aufgeklebt auf DIN A3-Blätter
- ☐ für die Präsentation von Materialbogen M 1 (Cartoon)/Arbeitsergebnissen/ Recherchen: interaktives Whiteboard/Beamer/Overheadprojektor

Bezug zu Bausteinen dieses Heftes:

- ☐ Baustein 2, Baustein 3

- ☐ Bezug zu Bausteinen (B) des Themenheftes „Arzneimittel":

- ☐ B 15, B 16

Zur Nutzung von Baustein 1

1. Handlungsziel

In unserer Gesellschaft zerfällt heute für die meisten Heranwachsenden wie auch Erwachsenen das Alltagsleben in Arbeits- und Freizeitleben. Während man in der Regel wochentags einer mehr oder weniger sinnvollen Tätigkeit nachgeht, sei es in Schule, Ausbildung oder Beruf, spielt sich die freie Zeit für gewöhnlich am Wochenende ab. Dabei spielt die angesagte Freizeit- und Konsumkultur für die meisten jungen Menschen eine besondere Rolle. Durch sie werden vor allem die Aktivitäten, Rituale, Medien und Accessoires sichtbar, die Jugendliche zur Darstellung ihrer eigenen Werte, Sinnwelten und Lebensstile hervorbringen. Um in diesem Sinne dem eigenen und fremden Leben näher zu kommen, bietet sich die bewusste Auseinandersetzung mit den Lebenssituationen Wochenalltag und Wochenende an. Zum einen kann man gemeinsam Momentaufnahmen des Alltagslebens generieren, und zum anderen lässt sich entdecken, welche Bedeutung das sogenannte Aussteigen aus dem Alltag für einen selbst und für andere hat. Da man heute auch davon auszugehen hat, dass es „die Jugend" nicht gibt, sondern dass viele unterschiedliche Jugend-Szenen existieren, wird es dabei auch darauf ankommen, mit der eigenen Lehr-/Lerngruppe die Vielfalt des Alltagslebens Jugendlicher herauszuarbeiten und respektvoll zu diskutieren.

2. Handlungslinie

1. Um in die Arbeit einzusteigen, wird der Gruppe am besten zunächst nur der Cartoon von Materialbogen 1 präsentiert, und es wird diskutiert, wie nahe die Karikatur der Wirklichkeit kommt. Wenn man die Diskussion offener halten möchte, sollte man die beiden letzten Bilder weglassen. Mithilfe von Materialbogen M 1 wird dann der nächste Arbeitsschritt verabredet: Erstellen einer Wochenübersicht. Jeder Wochentag wird auf Plankarten entweder im Laufe einer Woche 1:1 stichwortartig „verarbeitet" oder unmittelbar erinnert und auf sieben Tages-Karten aufgeschrieben.

Die Jugendlichen kommen dann in Kleingruppen zusammen, stellen sich ihre „Wochenverläufe" vor und besprechen sie untereinander.

Alternativ kann auch mithilfe der Placemat-Methode („Platzdeckchen"-Methode) in den Arbeitszusammenhang eingestiegen werden. Dazu werden Kopien des Cartoons in die Mitte eines DIN A3-Blattes geklebt. In die freien Ecken des Blattes schreiben die Mitglieder einer Dreier- oder Vierergruppe ihre Gedanken/Kommentare zum Bildstrip auf und tauschen sich dann im Gespräch darüber aus. Muster:

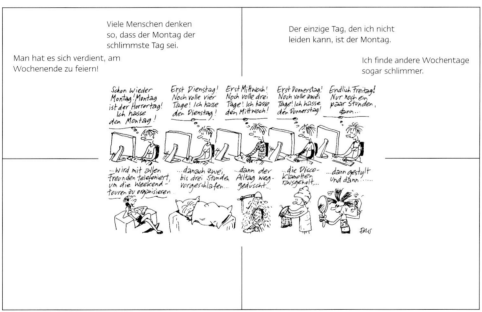

Abbildung 5

2. Die Jugendlichen werden anschließend aufgefordert, die „Höhen" und „Tiefen" des Wochenlebens symbolisch darzustellen. Dies kann mithilfe von Zeitleisten (auf Packpapier gezeichnetes Diagramm mit Wochentagen/Uhrzeiten) geschehen. Mithilfe von Stichworten, Slogans, Sprechblasen, Cartoons oder Fotos werden all die Aktivitäten, Höhepunkte, Erlebnisse, Stimmungen oder Gefühle in das Diagramm eingetragen und sichtbar gemacht, die das Wochenleben bestimmen können.

3. Die verschiedenen symbolischen Wochenverläufe werden von den Gruppen präsentiert und Gemeinsamkeiten/Unterschiede werden aufgezeigt. Die Leitfragen der anschließenden Diskussion lauten:

☐ Ist der Wochenalltag nur das triste Verbindungsstück zwischen den Wochenenden?

☐ Wo liegen für euch die Höhen und Tiefen einer Woche?

☐ Welche Alltagssituationen sind für euch erfreulich, normal oder unbehaglich?

Im Gespräch wird in der Regel von den Jugendlichen deutlich gemacht, dass

☐ das Wochenende meist als Kontrast zur Schul- oder Arbeitswoche erlebt wird,

☐ die persönlich erfahrene Spannung zwischen Wochenalltag und -ende von einem selbst (z. B. Familienklima, Freundschaften) abhängt,

☐ Schule und Arbeitsplatz auch „erfreuliche Kommunikationsräume" sein können und

☐ der Alltag eine Vielfalt von kleineren wie größeren Fluchten und Feiern zulässt.

4. Im Anschluss an die Diskussion stellen die Jugendlichen im Plenum/in Kleingruppen eine Liste mit „Tipps zum Wohlfühlen" zusammen, oder sie entwickeln ein „Meer der Entspannungsinseln" (persönliche Entspannungs-/Entlastungsmethoden oder -Situationen werden symbolisch auf einer „Papierinsel" dargestellt; alle „Inseln" werden dann auf Packpapier aufgeklebt) und veröffentlichen sie z. B. als Plakat im Klassenraum.

Meine Woche = deine Woche?

Abbildung 6

Für manche Leute ist der Wochenalltag eine Last.

Das Wochenende am Samstag und Sonntag wird dann als etwas Besonderes erlebt. Meist wird dann entspannt oder auch gefeiert.

Weshalb brauchen eigentlich so viele Leute „ihre" Wochenenden? Bietet die Woche von Montag bis Freitag nicht auch viele Möglichkeiten zum Entspannen und Feiern?

☐ Schreibt einmal in Stichworten auf, wie für euch eine komplette Woche abläuft!

☐ Wie sieht der Verlauf eurer Wochen aus? Worin bestehen Gemeinsamkeiten und Unterschiede?

Gute Zeiten, schlechte Zeiten

B 2

Thema:

Höhen und Tiefen im Leben

Intention:

Sich produktiv mit Problemlagen im eigenen und fremden Lebenslauf auseinandersetzen

Fachbezug:

Sozialkunde, Deutsch

Materialien/Medien:

- ☐ M 2: „Gute Zeiten, schlechte Zeiten"
- ☐ für interaktive Whiteboard-/Beamer-/Overhead-Projektion: Download einer „GZSZ-Vorankündigung" aus dem Internet
- ☐ für Zeitleisten (Storyboards): Packpapier, diverse Zeitschriften/Illustrierte/aus dem Internet beschaffte Abbildungen oder mit (Handy-)Kameras selbst aufgenommene Bilder, farbige Filzstifte, Scheren, Klebstoff, Stellwände

Bezug zu Bausteinen dieses Heftes:

Baustein 1, Baustein 3

Bezug zu Bausteinen (B) des Themenheftes „Arzneimittel":

B 9, B 10

Zur Nutzung von Baustein 2

1. Handlungsziel

Nur selten sind Jugendliche bereit, ihr Leben in Schule und Unterricht zu veröffentlichen. Deshalb empfiehlt es sich, mit ihnen auf dem Wege der Identifikation/Projektion ins Gespräch über das Leben zu kommen. So wird ihnen mit diesem Baustein die Möglichkeit geboten, sich spielerisch-handelnd mit eigenen und fremden Lebenssituationen auseinander zu setzen. Dazu werden sie aufgefordert, sich in die Rolle von Drehbuchautorinnen/-autoren zu versetzen und ein Skript für die RTL-Daily-Soap „Gute Zeiten, schlechte Zeiten" zu entwickeln. Diese Fernsehserie auch allgemein als GZSZ abgekürzt, die seit Jahrzehnten bei Jugendlichen und Erwachsenen nicht nur bekannt und beliebt ist, bietet – selbst wenn man nichts oder nur wenig über die Inhalte und das Personal der Serie weiß – allein durch ihren Titel das Programm an, um das es in unser aller Leben geht. Durch die produktive Auseinandersetzung mit „Höhen und Tiefen" im fiktiven Leben können die Schülerinnen und Schüler

- ☐ zum einen indirekt auf Risikozonen und Problembereiche im eigenen Leben aufmerksam werden und
- ☐ zum anderen sensibel dafür werden, wie ihr Leben in einer dynamischen Balance gehalten wird oder gehalten werden kann.

2. Handlungslinie

1. Man kann gut in den Unterricht einsteigen, indem man der Lerngruppe zunächst den Text einer GZSZ-Folge von heute per Whiteboard-/Beamer-/Overhead-Projektion präsentiert. Alternativ kann auch das dazu veröffentlichte Bild gezeigt werden. Die entsprechenden Vorankündigungen finden sich im Internet unter dem Suchbegriff GZSZ-Vorschau. Beispiel vom 20.11.2014:

   „Nele stellt überrascht fest, dass Mesut recht klare Vorstellungen zum Thema Hochzeit hat. Als sie dann auch noch eine Quittung für ein Schmuckstück mit Gravur bei ihm findet, wächst in ihr der Verdacht, Mesut wolle ihr einen Heiratsantrag machen. Zunächst verunsichert Nele der Gedanke. Doch trotz erster Zweifel ist Nele bald entschlossen, Mesuts Antrag anzunehmen. Aber Mesuts Überraschung sieht anders aus als erwartet. ...“

   Die Schülerinnen und Schüler äußern sich zunächst spontan zu dem rätselhaften Text. Dabei wird aufgrund ihrer Medienerfahrungen schnell von ihnen entdeckt, um welche Soap es hier geht. In Grundzügen wird durch die Kommentare der Jugendlichen auch erkennbar, wie sie beurteilt wird und wie sie beim Publikum funktioniert.

2. Die Schülerinnen und Schüler erhalten Materialbogen M 2 und setzen sich zunächst individuell mit der Arbeitsaufgabe als Drehbuchschreiber(in) auseinander.

3. In Drehbuch-Teams kommen sie zusammen, stellen sich ihre Serien-Figuren vor und diskutieren die Höhen und Tiefen im seriellen Leben dieses fiktiven Personals. An einer ausgewählten Figur spielt die Kleingruppe deren Biografie durch, indem sie auf Packpapierbogen eine Zeitleiste anlegt und mithilfe von Zeichnungen/Fotografien/selbst aufgenommenen Bildern veranschaulicht.

   Alternativ oder weiterführend kann man auch ein bebildertes Storyboard entwickeln lassen, bei dem ausgewählte Figuren miteinander „ins Spiel" kommen.

4. In Form einer Ausstellung stellen sich die Arbeitsgruppen ihre Zeitleisten (Storyboards) vor und diskutieren die Arbeitsergebnisse im Plenum.

   Bei der Identifizierung der „Höhen im Leben" entdecken die Jugendlichen in der Regel,

   ☐ dass ein gutes Verhältnis zu den Eltern favorisiert wird,
   ☐ dass eine beglückende Beziehung in einer Partnerschaft herausgestellt wird,
   ☐ dass ein stabiler Freundeskreis eine wichtige Rolle spielt und
   ☐ dass sich vor allem Erfolg im Schul-/Berufsleben zeigt.

   Bei der Darstellung problematischer Lebenssituationen zeigen sich für gewöhnlich folgende Aspekte:

   ☐ Probleme im Elternhaus/mit einem Partner, Unzufriedenheit mit dem eigenen Aussehen, Liebeskummer, Erkrankungen, Ausgrenzung aus einer Gruppe, Intrigenspiele, Gewalterfahrungen/Mobbing, Misserfolge in Schule und Beruf.

BAUSTEIN

Beim Vergleich der Höhen und Tiefen wird vor allem betont, dass Glücksmomente im Leben nicht die Regel und auch nicht von Dauer sind und dass man sich Höhen „immer wieder zu erarbeiten hat".

In diesem Zusammenhang äußern die Schülerinnen und Schüler auch folgende Erkenntnisse, die sie durch die Auseinandersetzung mit den „Rollenbüchern des Lebens" gewonnen haben:

- ☐ Man kann produktiv mit Wirklichkeit und Fantasie spielen,
- ☐ man kann Fantasien, Wünsche, Unsicherheiten oder Ängste durch Schreiben und Sprechen konstruktiv bearbeiten,
- ☐ man kann sich nachdenklich mit Lebenserwartungen und -zielen beschäftigen und
- ☐ man braucht ab und zu die kleinen Fluchten aus einem anstrengenden Alltagsleben.

5. Zum Abschluss kann die Lehr-/Lerngruppe an einem selbst bestimmten Fallbeispiel herausarbeiten, wie sich womöglich eine problematische Lebenssituation „im richtigen Leben" bearbeiten ließe. Beispiel:

Problemlage	Gefahren	Lösungs-möglichkeiten
Probleme im Elternhaus	Streit, Gewalt, „abhauen",	Vertrauenspersonen um Hilfe bitten
„Familienkonferenz"	„besaufen"	Unterbringung im Heim (?)

6. Die entsprechenden Arbeitsergebnisse werden verallgemeinert, zu Thesen oder Slogans zusammengefasst und als Plakat/Collage/Wandzeitung veröffentlicht.

Beispiel:
Das Problem mit den Problemen

- ☐ Benenne Probleme, auch wenn es schwerfällt!

- ☐ Probleme fallen nicht vom Himmel! Sie haben Ursachen, die man entdecken muss, um etwas zu ändern.

- ☐ Probleme lösen sich nicht von allein!

- ☐ Patentlösungen sind keine Lösung!

- ☐ ...

Gute Zeiten, schlechte Zeiten

Viele Leute kennen die Daily Soap „Gute Zeiten, schlechte Zeiten". Und viele Leute sehen sich tagtäglich die Episoden dieser Fernsehserie an. Der Titel der Serie ist auch ihr Programm. Denn es geht vor allem um die Höhen und Tiefen im Leben junger Menschen. Auch wenn einem vieles „gespielt" vorkommt, so können sich die Zuschauerinnen und Zuschauer doch immer wieder auf das Schicksal der Hauptfiguren einlassen, weil die Erzählungen „dem richtigen Leben" sehr nahe zu kommen scheinen.

☐ Stell dir vor, du könntest als Autor oder Autorin das Skript für eine neue Hauptfigur entwickeln. Welche guten und welche schlechten Zeiten sollte dieser junge Mann oder diese junge Frau innerhalb eines Jahres „erleben"?

Hier siehst du eine Zeitleiste für ein Jahr, in die du mit Stichworten die Höhen und Tiefen im Leben deiner Hauptfigur eintragen kannst.

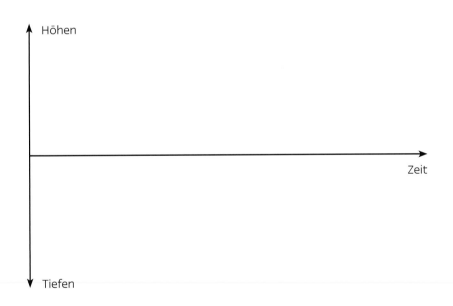

☐ Wie sehen „die guten und die schlechten Zeiten" bei anderen „Drehbuchautorinnen und -autoren" aus?

B 3

Womit man Schlagzeilen machen kann ...

Thema:

Leistungsbegriff

Intention:

Sich kritisch mit dem Leistungsbegriff auseinandersetzen und in diesem Zusammenhang die veröffentlichte Meinung (z. B. Presse, Fernsehen, Werbung, Social Media) diskutieren.

Fachbezug:

Sozialkunde, Deutsch

Materialien/Medien:

M 3: Womit man Schlagzeilen machen kann ...
- ☐ für die Illustrierung von Leistenversen: DIN A3-Kartons, Illustrierte, (Bilder aus dem Internet), Scheren, Klebstoff
- ☐ für die Untersuchung von Tageszeitungen und/oder die Recherche im Internet: diverse Tageszeitungen, Computer mit Internetzugang, Tablets, Smartphones
- ☐ für Wandzeitungen: Packpapier, farbige Filzstifte, Scheren, Klebstoff, Stellwände
- ☐ interaktive Whiteboard-/Beamer-Projektion für die Darstellung von Arbeitsergebnissen

Bezug zu Bausteinen dieses Heftes:

Baustein 2

Bezug zu Bausteinen (B) des Themenheftes „Arzneimittel":

B 17, B 21

Zur Nutzung von Baustein 3

1. Handlungsziel

Dass wir in einer Leistungsgesellschaft leben, vermittelt sich Kindern und Jugendlichen mehr oder minder ausgesprochen in ihrem alltäglichen Leben, ohne dass dabei der Begriff explizit auftauchen dürfte. Nicht nur eine gesellschaftliche Institution wie die Schule, in der Lehrende wie Lernende Leistungen bringen sollen und müssen, symbolisiert dabei, dass jemand Ansehen und gesellschaftliche Stellung gewinnen kann, wenn er erfolgreich eine Arbeit bewältigt oder eine Anstrengung vollbringt. Auch die veröffentlichte Meinung in den Medien, sei es über Presse, Fernsehen, Radio oder Internet, zeigt uns dies tagtäglich in plakativer Form, nämlich in Schlagzeilen aller Art. Dass dabei vor allem außergewöhnliche Leistungen von herausragenden Persönlichkeiten des öffentlichen Lebens in den Blick geraten, nehmen wir gleichsam als Selbstverständlichkeit zur Kenntnis. Dass dabei aber die wahren Leistungs-Träger in unseren sozialen Nahräumen nahezu unsichtbar werden, fällt uns im Alltagsbetrieb manchmal gar nicht mehr auf.

Indem sich die Schülerinnen und Schüler nachdenklich mit dieser Ausgangssituation auseinandersetzen, können sie gemeinsam entdecken,

☐ wie und von wem Leistung in unserer Gesellschaft definiert wird,

☐ dass Leistung nicht gleich Leistung ist,

☐ dass Leistung sowohl Tätigkeitsprodukt als auch Tätigkeitsverlauf sein kann,

☐ dass man ständig mit Leistungserwartungen konfrontiert wird und

☐ dass das Erbringen von Leistungen mit ermutigenden Lernprozessen im Leben zusammenhängt.

2. Handlungslinie

1. Man kann gut in den Handlungszusammenhang einsteigen, wenn man die Jugendlichen zunächst individuell einen Leistenvers (auch: Akrostichon) entwickeln, eventuell illustrieren und im Arbeitsraum veröffentlichen lässt. Bei dieser Versform ergeben die am Anfang mehrerer Zeilen stehenden Buchstaben ein Wort oder einen Satz, wenn man von oben nach unten liest. Beispiel:

Leistung bedeutet Druck
Es zählt nur, wenn du was zu bieten hast
Ist manchmal eine Freude
Schule = Leistung
Tut mir gut, wenn ich gut war
Urlaub ist nun angesagt
Neugierig sein
Glaube

2. Bei der Diskussion ihrer Gedichte im Plenum formulieren die Schülerinnen und Schüler Schlagzeilen zu der Frage: „Was bedeutet uns der Begriff Leistung?"

Dazu werden die Sprachspiele der Jugendlichen gezielt ausgewertet. Beispiele (s. auch Kasten):

Ohne Leistung geht nichts!
Leistung bringt uns weiter!
Leistung gehört zum Leben!
Leistung bringen muss sinnvoll sein!

3. „Wer bestimmt eigentlich in unserer Gesellschaft, was eine Leistung ist?"
Nach den spontanen Kommentaren der Schülerinnen und Schüler wird die Lerngruppe zur Beantwortung der Frage aufgefordert, die Schlagzeilen der Tagespresse gezielt zu sammeln, zu untersuchen und auszuwerten. Dazu eignet sich vor allem die Recherche im Internet, die am besten als Hausaufgabe erledigt werden sollte.

Hinweis: Da manchmal bestimmte Schlagzeilen etwa die Fußball-WM, Finanzkrisen oder die Flüchtlingsdebatte die Tagespresse stark beherrschen, empfiehlt es sich, vorher verschiedene Schlagzeilen zu sammeln und dann für die gemeinsame Untersuchung bereitzustellen.

4. In Kleingruppen werten die Schülerinnen und Schüler die gefundenen Schlagzeilen aus und fassen ihre Untersuchungserbnisse möglichst in Form von eigenen Schlagzeilen zusammen. Beispiele:

„Leistung bringen immer nur die großen Tiere!"

„Nur die Höchstleistung zählt!"

„Wer versagt, ist nicht viel wert!"

...

5. Um den Blick auf das Alltagsleben der Jugendlichen zu richten, wird Materialbogen M 3 genutzt und zunächst individuell bearbeitet. Zunächst tauschen sich die Jugendlichen dann im Partnergespräch über ihre Schlagzeilen aus, die sie gut lesbar auf Satzstreifen notiert haben.

Anschließend kommen sie im Gesprächskreis zusammen, breiten in der Kreismitte (ausgewählte) „Schlagzeilen" aus und stellen sie sich gegenseitig vor. Beispiele:

Gesucht und gefunden: Unsere Alltags-Weltmeister
„Mutter ist die Beste!"

„Meine Oma ist keine Oma!"

„Mein Freund ist Gold wert!"

„Doktor Müller – ein Wunderheiler"

„Ohne freiwillige Helferinnen und Helfer geht gar nichts!"

Beim kritischen Blick auf ihre Schlagzeilen wird den Jugendlichen in der Regel klar, dass solche sprachlichen Kurzformeln (Klischees) nie ausreichen können, um einer Persönlichkeit gerecht zu werden und ihr besonderes Handeln sichtbar zu machen.

Hinweis: Da es sich hier um eine selbst- und sozialreflexive Unterrichtsphase handelt, kann nicht per se erwartet werden, dass die Jugendlichen sich mit persönlichen Aussagen äußern wollen. In solch einem Fall sollte man die vorliegenden Schlagzeilen mit den „Alltags-Weltmeistern" (s. oben) diskutieren lassen. Auf diese Weise können die Jugendlichen indirekt eigene Lebenserfahrungen artikulieren.

6. Die gemeinsamen Lernerfahrungen der Jugendlichen werden abschließend in Form einer Wandzeitung zusammengefasst. Das heißt, die Sprachspiele, Thesen und Schlagzeilen werden so anschaulich aufbereitet, dass sie im Schulgebäude ausgestellt werden können und allen Lehrenden und Lernenden die Möglichkeit bieten, sie durch neue Sprachspiele, Thesen und Schlagzeilen zu erweitern.

Womit man Schlagzeilen machen kann …

„Weltmeister!"

„Was für ein Kampf!" – „Was für ein Sieg!"

Wer in unserer Gesellschaft etwas leistet, kann in der Presse für Schlagzeilen sorgen.

Eine Schlagzeile muss ins Auge fallen! Sie soll die Leser überraschen und Neugier wecken, ganz gleich ob jemand etwas Großartiges oder etwas Skandalöses gemacht hat.

☐ Sicherlich kennt ihr persönlich jemanden, den ihr wegen seiner Leistungen bewundert. Vermutlich haben er oder sie aber in ihrem Leben noch nie „Schlagzeilen" gemacht.

☐ Welche Schlagzeilen würden euch für diese Personen einfallen? Schreibt sie zunächst hier auf und notiert sie dann für alle gut lesbar auf großen Satzstreifen.

Crystal Meth – von Fall zu Fall

Thema:

Zur Rolle von Crystal Meth im Leben Jugendlicher

Intention:

Die wechselseitige Beziehung der drei Erfahrungsbereiche Persönlichkeit – soziales Umfeld – Droge bei der Auseinandersetzung mit der Droge Methamphetamin diskutieren

Fachbezug:

Sozialkunde, (Deutsch), Biologie

Materialien/Medien:

☐ M 4.1: Zum Beispiel Nele: „Freitags ist immer alles mega ...“
☐ M 4.2: Zum Beispiel Nicolas: „Früher oder später muss man sich entscheiden ...“
☐ für die Präsentation von Arbeitsergebnissen/Recherchen: interaktives Whiteboard/Beamer/Overheadprojektor

Bezug zu Bausteinen dieses Heftes:

Baustein 1, Baustein 2, Baustein 3, Baustein 5, Baustein 6

Bezug zu Bausteinen (B) des Themenheftes „Arzneimittel":

B 12, B 15, B 16

Zur Nutzung von Baustein 4

1. Handlungsziel

Eine zeitgemäße Sucht- und Drogenprävention hält grundsätzlich das Informieren und Aufklären über Drogen und Süchte/Abhängigkeiten für einen unverzichtbaren Bestandteil ihres Vorgehens. Nur wer weiß, was er tut, kann auch Verantwortung für eigenes Handeln übernehmen und eigenverantwortlich Entscheidungen für oder gegen Drogenkonsum treffen. Ein guter Ansatzpunkt für derart präventive Arbeit ergibt sich immer dann, wenn Jugendliche sich mit der Thematik beschäftigen wollen und ihre Sachfragen zur Grundlage eines gemeinsamen Vorhabens gemacht werden. Dies bedeutet vor allem Beschaffung, Untersuchung und Bewertung entsprechender Informationsangebote, sei es über die Recherche im Internet, die Beschäftigung mit Sachtexten aller Art oder den Besuch von Einrichtungen der Dogenberatung/Suchthilfe. Immer wieder erweist sich dabei, dass Informationen aus „erster Hand", die von Ex-Konsumenten vermittelt werden, für Jugendliche besonders eindrucksvoll und nachhaltig sind. Da es aber nicht immer möglich sein dürfte, dass ehemalige Crystal Meth-Konsumenten einer Arbeitsgruppe ihre Drogenerfahrungen authentisch vermitteln können, werden in diesem Baustein verschiedene Fallbeispiele angeboten. Geeignet wäre auch die Diskussion von entsprechenden Dilemmata oder „Verführungssituationen". Zum

B 4

einen dürften sie sich für Jugendliche als glaubwürdig erweisen und zum anderen können sie dazu herausfordern, sich mehrperspektivisch mit der Droge Methamphetamin auseinander zu setzen. In diesem Sinne wird es den Schülerinnen und Schülern mithilfe des Bausteins ermöglicht,

- ☐ das Bedingungsgefüge einer Methamphetamin-Abhängigkeit zu untersuchen und
- ☐ sich zu verdeutlichen, dass verschiedene Wege in die Methamphetamin-Abhängigkeit führen können.

2. Handlungslinie

1. Um einen Bezug zum Mythos des Aufputschmittels Crystal Meth herzustellen, wird hier mit einer Art Clustering zum Begriff „Superheld(in)" in den Handlungszusammenhang eingestiegen. Inmitten eines Sitzkreises liegt eine große Wortkarte mit dem Begriff Superheld(in). Die Schülerinnen und Schüler werden aufgefordert, spontan auf Plankarten aufzuschreiben, was ihnen zu diesem Begriff einfällt. Nach der 5-Minuten-Schreibphase werden die Wortkarten nacheinander rings um den Hauptbegriff angeordnet. Begriffe, die immer wieder auftauchen, ähnlich oder identisch sind, werden zusammengestellt. So kann ein ähnlicher Cluster wie dieser entstehen:

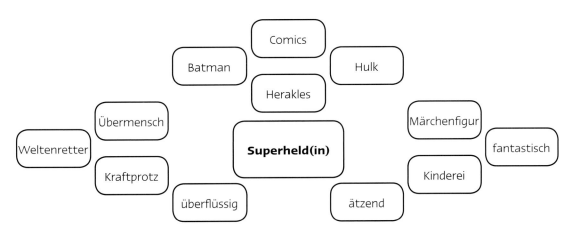

2. Der Cluster wird diskutiert und dabei kann dem Sinne nach Folgendes zusammengefasst werden:

- ☐ Superhelden/-heldinnen sind fiktive Figuren, die über übermenschliche Fähigkeiten verfügen. Die Fähigkeiten zeigen sich bisweilen durch körperliche Veränderungen.
  - ☐ Es empfiehlt sich, dies zum Beispiel mithilfe der Comic-Figur Hulk (siehe dazu Bilder im Internet) zu veranschaulichen, die in „Neles Fall" zitiert wird (vgl. Materialbogen M 4.1).
- ☐ Sie kämpfen gegen das Böse in der Welt und sind meist edel und mutig.
- ☐ Sie können einen auf Fantasiereisen mitnehmen und bieten Identifikations-/Projektionsmöglichkeiten.
- ☐ Sie können einen von der Wirklichkeit ablenken.

3. Das Thema Crystal Meth wird angekündigt, und mithilfe des Fallbeispiels „Nele" (Materialbogen M 4.1) nähert sich die Gruppe der Thematik an. Zunächst lesen die Schülerinnen und Schüler den Text für sich allein und besprechen die beiden Leitfragen mit einem Arbeitspartner.

4. Im Plenum wird
   ☐ zum einen Neles Vergleich mit dem Superhelden Hulk diskutiert und
   ☐ zum anderen vermutet, wie das Leben von Nele weitergehen könnte.

In diesem Zusammenhang werden fiktive Stationen skizziert, die Neles weiteres Leben bestimmen könnten. Beispiel:

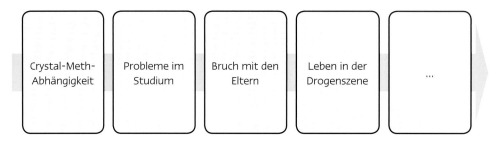

| Crystal-Meth-Abhängigkeit | Probleme im Studium | Bruch mit den Eltern | Leben in der Drogenszene | … |

Bei der Diskussion der fiktiven Biografien, die in der Regel auch Alltagswissen über Crystal Meth und Klischeevorstellungen der Schülerinnen und Schüler spiegeln, wird – soweit es das Fallbeispiel selbst zulässt – die Modellvorstellung vom Ursachen-Dreieck (Person-Droge-Umwelt) herausgearbeitet:

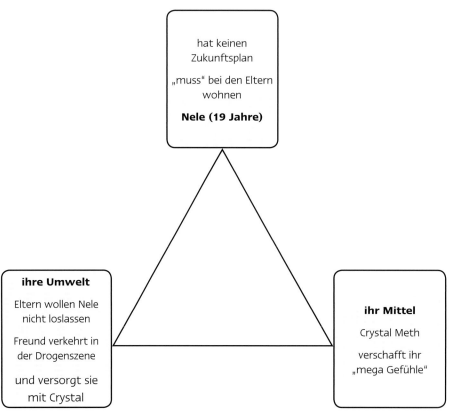

hat keinen Zukunftsplan

„muss" bei den Eltern wohnen

Nele (19 Jahre)

ihre Umwelt

Eltern wollen Nele nicht loslassen

Freund verkehrt in der Drogenszene

und versorgt sie mit Crystal

ihr Mittel

Crystal Meth

verschafft ihr „mega Gefühle"

In „Neles Fall" kann skizziert werden, dass womöglich ihre ungewisse Zukunft, Probleme mit dem Elternhaus, ihre Neugier auf Crystal, das Probieren wollen und die angenehme Wirkung von Crystal, der Einfluss ihres Freundes und die Partyszene zusammenspielen.

5. Inwieweit es sich bei „Neles Fall" um einen Einzelfall handelt, wird anschließend in Kleingruppen am Beispiel von „Nicolas" untersucht (vgl. Materialbogen M 4.2). Analog zu „Neles Fall" wird auch hier mithilfe des Ursachen-Dreiecks versucht, sich seinen Lebensumständen zu nähern. Dabei kann die folgende Übersicht entstehen:

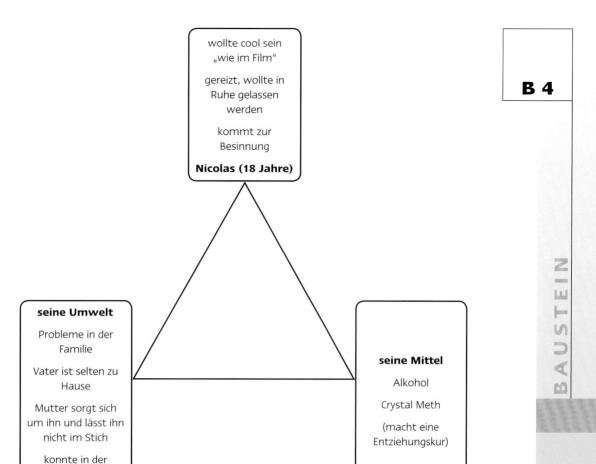

wollte cool sein „wie im Film"

gereizt, wollte in Ruhe gelassen werden

kommt zur Besinnung

Nicolas (18 Jahre)

seine Umwelt

Probleme in der Familie

Vater ist selten zu Hause

Mutter sorgt sich um ihn und lässt ihn nicht im Stich

konnte in der Drogenszene „abhängen"

seine Mittel

Alkohol

Crystal Meth

(macht eine Entziehungskur)

Im Falle von Nicolas wird in Umrissen sichtbar gemacht, dass womöglich mangelndes Selbstwertgefühl, Probleme mit dem Elternhaus, der Wunsch nach Entlastung, angenehmes Erleben in der Drogenszene und Suchtdruck zusammenspielen. Es wird aber auch deutlich, dass Nicolas seine Lebenssituation als sehr problematisch einschätzt und bereit ist, sich helfen zu lassen.

6. Die Gruppen stellen ihre Ursachen-Dreiecke einander vor und beurteilen „die Fälle von Nele und Nicolas". Sie artikulieren dabei, dass verschiedene Wege in die Crystal Meth-Abhängigkeit führen können.

Alternative:

7. Bei der Diskussion der beiden Fälle taucht vielfach folgende Schlüsselfrage auf: Wie sollte man sich verhalten, wenn einem klar wird, dass Freunde/Geschwister auf Partys, in der Schule, am Arbeitsplatz oder im Leistungssport mit „Crystal" in Berührung kommen oder es auch konsumieren?"

Die Jugendlichen notieren sich zunächst ihre Gedanken dazu und kommen anschließend in kleinen Gruppen zusammen, um – eventuell bezogen auf das „Fallbeispiel Nele" – ihre Verhaltensvorschläge zu diskutieren. In Form von szenischen Spielen versuchen die Gruppen, diese Vorschläge darzustellen.

Bei der Diskussion der Spiele im Plenum wird in der Regel von den „Nicht-Usern" deutlich gemacht,

☐ wie schwer es einem beim Feiern fällt, „die Stimmung nicht kaputt" zu machen,

☐ ruhig zu bleiben und bei „aufgeheizter" Stimmung überzeugend zu argumentieren.

Die erkennbar gewordenen Verhaltensweisen werden in Stichworten festgehalten und in Bezug auf ihre „Machbarkeit" diskutiert. Beispiele:

☐ Ruhe bewahren, Überreaktionen vermeiden, den Konsum von „Crystal" nicht verharmlosen, sondern sachlich über Risiken informieren.

8. Nicht selten wird in diesem Zusammenhang von Jugendlichen artikuliert, dass sie „im Falle Nicolas selbst wenig machen könnten" und dass es „sinnvoller sei, professionelle Hilfe zu suchen". Dabei sollte auch die Lehrkraft deutlich machen, welche realistischen Handlungs- oder Hilfsmöglichkeiten sie in den beiden „Fällen" sieht. Entsprechend sollte auch die Aussage von Nicolas' Mutter diskutiert werden: „Lehrer können Drogenberatung und psychologische Betreuung nicht leisten".

9. Wenn sich die Jugendlichen in dieser Weise mit der Schlüsselfrage beschäftigt haben, können sich projektähnliche Aktivitäten anschließen,

☐ um sich umfassend zu informieren und um offene Fragen zu klären,

☐ um den aktuellen Stand der gesellschaftlichen Diskussion über Crystal Meth kennenzulernen,

☐ um Präventionsmöglichkeiten zu diskutieren,

☐ um Ausstiegsmöglichkeiten aus dem Suchtkreislauf kennenzulernen und

☐ um die eigene Position zu reflektieren und zu klären.

Dies bedeutet auch, dass man sich mit den Wirkungen, den Kurzzeit- und Langzeitfolgen der Droge Methamphetamin beschäftigt hat.

Dazu können gezielt Fachveröffentlichungen sowie Informationsbroschüren beschafft und ausgewertet sowie Gespräche mit Medizinern/Medizinerinnen und Mitarbeitern/Mitarbeiterinnen von Drogenberatungsstellen geführt werden. Die selbstbestimmten Arbeitsvorhaben können zu verschiedenen Ergebnissen/Produkten führen wie etwa: Beiträge für Schüler- und Jugendzeitungen, Ausstellungen in der Schulöffentlichkeit, Veröffentlichungen auf der Homepage der Schule oder Diskussionsveranstaltungen in der Schule.

Zum Beispiel Nele:
„Freitags ist immer alles mega ..."

Nele hat gerade Abitur gemacht, wohnt im Einfamilienhaus ihrer Eltern – und nimmt jedes Wochenende Crystal Meth.

Jeden Freitagnachmittag ruft Neles Freund Tom an. Er wohnt in einer Kleinstadt, eine Autostunde von Leipzig entfernt und fragt: „Was möchtest du fürs Wochenende, mein Schatz?" Tom bringt dann ein Tütchen mit.

Das erste Mal hat Nele Crystal Meth mit ihm in einem Auto genommen. Dort haben sie auf dem Rücksitz die Kristalle „aufgeknackt" und durch die Nase gezogen. Sie erinnert sich nur an ein Gefühl: „Es ist, als würdest du dich in Hulk verwandeln. Unglaublich. Ein mega Adrenalin-Schub. Einfach geil, geil, geil."

Nele ist 19, ihr Freund ist 22. Seit mehr als einem Jahr ist sie mit Tom zusammen. Im Sommer 2013 hat sie an einem Leipziger Gymnasium das Abitur gemacht, Note: gut. Sie wohnt noch bei ihren Eltern, in einem großen gelben Einfamilienhaus mit Garten, in einer schmalen Straße mit denkmalgeschützten Lindenbäumen. Hier in dieser grünen Oase kurz vor dem Zentrum lebt die gehobene Leipziger Mittel- und Oberschicht. Solange Nele keinen konkreten Zukunftsplan hat, darf sie nicht ausziehen.

Jedes Wochenende kommt Tom zu ihr. Er macht eine Ausbildung in seiner Heimatstadt und „hat einen übelst großen Drogenfreundeskreis". Nele erzählt das wie etwas, auf das sie stolz ist. „Er nimmt auch täglich Tabletten", sagt sie, während sie an einem grauen Nachmittag auf einer Parkbank sitzt und sich eine Zigarette dreht. Sie ist hübsch, sehr blass. Ihre Haare hat sie zu einem Dutt zusammengesteckt. Sie trägt, was Mädchen in dem Alter tragen: viel Farbe, viele Armbänder und große Ohrringe.

Vor mehr als einem Jahr hat sich Nele dafür entschieden, Drogen zu nehmen. „Führ mich doch mal ein in die Drogenwelt", hat sie zu Tom gesagt. Und er tat es. Nele mag, dass man sich dann anders fühlt und dem Alltag entfliehen kann. „Alle sind supernett, verstehen sich gut und haben ein mega Wochenende."

☐ Nele sagt nach dem Konsum von Crystal Meth: „Es ist, als würdest du dich in Hulk verwandeln". Was meint sie damit?

☐ Wie wird Neles Geschichte weitergehen? Notiere es mit einigen Stichworten!

(Quelle: bearbeiteter Text von Würfel, C. in: ZEIT ONLINE, 21. Juli 2014, im Internet abrufbar unter: http://www.zeit.de/zeit-magazin/leben/2014-07/crystal-meth-leipzig. Letzter Zugriff am 21.10.2014)

Materialbogen 4.1

Zum Beispiel Nicolas: „Früher oder später muss man sich entscheiden ..."

Nicolas' Eltern hatten damals bemerkt, dass Geld aus dem Portemonnaie fehlte, er den Alkohol aus dem Schrank im Wohnzimmer ausgetrunken hatte, irgendwo besoffen herumlag. Heute, nach mehreren Aufenthalten in Entzugskliniken, ist das Ausgehen nicht mehr Teil seines Lebens. Nicolas, 18 Jahre alt, wird psychologisch betreut. „Früher oder später muss man sich entscheiden, entweder ganz oder gar nicht", sagt er. Seine Drogensucht hat die Familie aus dem Leipziger Osten schwer belastet. Er saß zugedröhnt am Esstisch, die Augen glasig, die Pupillen stecknadelgroß. Wenn seine Mutter ihn mit Fragen konfrontierte, ist er völlig ausgerastet. Seine drei Jahre jüngere Schwester hat oft geweint, weil sie das alles nicht verstand. Heute trinkt die Familie vor Nicolas keinen Alkohol mehr.

Ohne seine Mutter, eine sensible und wachsame Hausfrau, wäre Nicolas vielleicht nicht mehr am Leben. Die Angst vor dem Tod ihres Kindes trieb sie fast täglich um. Oft war sie damit allein, weil ihr Mann, ein Ingenieur, nur wenig zu Hause war. „Drogen zu kaufen ist ein Kinderspiel", sagt Nicolas' Mutter. Und Lehrer könnten Drogenberatung und psychologische Betreuung nicht leisten. „Wir brauchen Sozialarbeiter und Schulpsychologen", sagt sie. Und die Eltern: „Wir können uns da nicht rausziehen. Wir haben Probleme, uns um die emotionalen Bedürfnisse der Kinder zu kümmern. Es ist Überforderung und Hilflosigkeit."

Wenn sich Nicolas heute Fotos aus seiner Drogenzeit anschaut, erschrickt er vor sich selbst. Die leeren, toten Augen, der dünne Körper. „Wenn die Einsicht nicht von selber kommt, nützen auch die Drohungen von den Eltern nichts", sagt er. Ein anderer Mensch sei er gewesen, ein Arschloch. Er wollte seinen Spaß haben, cool sein, wie im Film, sagt Nicolas. Bei den Dealern konnte Nicolas ungestört fernsehen, kiffen, abhängen. Aber einem 15-jährigen Meth zu verkaufen, sagt Nicolas, das sei schon krass. Nicolas Mutter sagt, Jugendliche tun so, als hätten sie einen neuen Körper im Schrank.

Einmal hat Nicolas gemeinsam mit einem Kumpel und einem Meth-Junkie Mitte 30 in einer verwahrlosten Wohnung auf den Dealer warten müssen. Sie saßen auf dem Sofa, und der Meth-Junkie auf einem Stuhl am Fenster. Er hat sich die ganzen anderthalb Stunden nicht ein einziges Mal bewegt oder etwas zu ihnen gesagt. Nur aus dem Fenster hat er gestarrt. In diesem Moment hat Nicolas sich zum ersten Mal gefragt: „Was mache ich hier eigentlich?"

(Quelle: bearbeiteter Text von Würfel, C. in: ZEIT ONLINE, 21. Juli 2014, im Internet abrufbar unter: http://www.zeit.de/zeit-magazin/leben/2014-07/crystal-meth-leipzig. Letzter Zugriff am 21.10.2014)

Crystal Meth – vom „Rush" zum „Crash"

Thema:

Die Droge Crystal Meth

Intention:

Sich sachlich mit dem Wirkungsprofil von Crystal Meth auseinandersetzen

Fachbezug:

Sozialkunde, Biologie

Materialien/Medien:

- ☐ M 5.1: Crystal Meth – ein Fragebogen vorab …
- ☐ M 5.2: „Crystal hat seine eigenen Gesetze …"
- ☐ für die Präsentation von Arbeitsergebnissen/Recherchen: interaktives Whiteboard/Beamer/Overheadprojektor

Bezug zu Bausteinen dieses Heftes:

Baustein 4, Baustein 6, Baustein 7

Bezug zu Bausteinen (B) des Themenheftes „Arzneimittel":

kein Bezug

Zur Nutzung von Baustein 5

1. Handlungsziel

Zu den hierzulande am meisten konsumierten synthetischen Stimulanzien gehören Amphetamine. Kristallines Methamphetamin spielte dabei im Wortsinne bislang nur am Rande der Bundesrepublik Deutschland eine Rolle. Dies scheint sich jedoch aktuell zu ändern, weil Verbreitung und Konsum von Crystal Meth in Deutschland merklich ansteigen und sich auch regional ausweiten. Drogenexperten betrachten diese Entwicklung mit großer Sorge, weil Methamphetamin als sehr gefährliche Droge eingeschätzt wird: Sie ist leicht herzustellen, relativ billig, macht schnell abhängig und schädigt Körper und Gehirn. Handlungsziel ist es somit,

- ☐ über das Wirkungsprofil von Methamphetamin aufzuklären und
- ☐ darauf aufmerksam zu machen, dass es keinen risikofreien Konsum von Crystal Meth geben kann.

2. Handlungslinie

1. Es empfiehlt sich, mit einem Fragebogen in den Unterricht einzusteigen, der von den Schülerinnen und Schülern individuell zu Hause bearbeitet wird (vgl. Materialbogen M 5.1).

2. In Kleingruppen stellen sich die Schülerinnen und Schüler ihre Antworten auf die vier Leitfragen des Materialbogens M 5.1 vor und skizzieren gemeinsam, welche Unterrichtsschwerpunkte (Frage 3) ihnen wichtig wären. Diese Schwerpunkte werden an der Tafel/Pinnwand veröffentlicht und im Plenum besprochen. Im Übrigen schätzen die meisten Jugendlichen das Risiko in Sachen Crystal-Konsum als hoch ein. Dabei scheinen die entsprechenden Veröffentlichungen in Presse und Fernsehen für die Jugendlichen eine wichtige Rolle zu spielen. Häufig auftauchende Fragen, die gemeinsam zur Entwicklung eines Arbeitsplans genutzt werden sollten, sind:

☐ Wie wirkt Crystal Meth?
☐ Gibt es eine „sichere" Crystal Meth-Dosis?
☐ Macht Crystal Meth abhängig?
☐ Kann man durch Crystal Meth sterben?
☐ Zerstört Crystal Meth das Gehirn?
☐ Welche Langzeitschäden verursacht Crystal Meth?
☐ Wirkt Crystal Meth anders als Ecstasy?

Um Fragen nach der Wirkung von Crystal Meth zu beantworten, wird der Materialbogen M 5.2 für die Einzel- und Partnerarbeit genutzt. Mithilfe von „Maras Beschreibung" wird dabei das Wirkungsprofil von Crystal Meth herausgearbeitet.

3. Die Schlussfrage von „Mara" (s. Kasten auf Materialbogen M 5.2) dient als Impuls, um im Gesprächskreis/Plenum den typischen Crystal Meth-Kreislauf „vom Rush zum Crash" sichtbar zu machen und anschließend gemeinsam in eine Schautafel umzusetzen. Diese Schautafel kann das Ausgangsmaterial für eine Ausstellung zum Thema Crystal Meth bilden, die im Schulgebäude veröffentlicht wird:

Beispiel: „Mara im Crystal-Rausch"

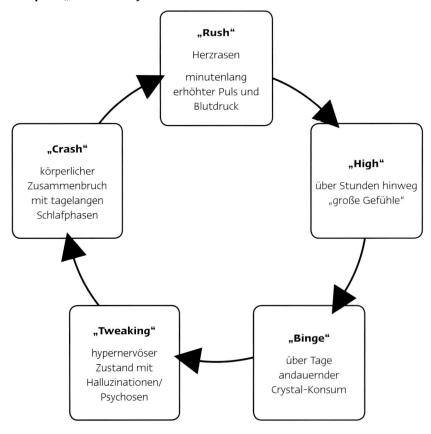

Crystal Meth –
ein Fragebogen vorab ...

1. Was fällt dir zum Begriff Crystal Meth ein?

2. Ich weiß über Crystal Meth bislang ...

3. Ich möchte, dass wir im Unterricht folgende Fragen und Aspekte bearbeiten:

4. Meine Risiko-Bewertung der Droge Crystal Meth läge auf einer Skala bei ...

geringes Risiko ☐ ☐ ☐ ☐ ☐ ☐ ☐ ☐ sehr hohes Risiko

M 5.2

Crystal hat seine eigenen Gesetze ...

Mara S. (Pseudonym) nahm zum ersten Mal Crystal, als sie 15 Jahre alt war. Sie spricht hier darüber, was mit ihr geschieht, wenn sie Crystal zu sich nimmt.

„Das Erste was mit einem passiert, wenn man Crystal gesnieft oder geraucht hat, ist der Rush. Das Herz beginnt zu rasen, der Blutdruck und der Puls steigen. Das kann eine halbe Stunde so gehen, ist aber nur die Vorstufe zu dem, was für mich und jeden Druffie* der eigentliche Punkt war. Nach ein paar Minuten kommt dann das High, das ist genau die Phase, die Crystal für mich so besonders machte. Für einige Stunden, manchmal sogar einen halben Tag, hatte ich dann das Gefühl, schlauer als alle anderen Menschen zu sein. (...)

Diese Phase war diejenige, die eigentlich nie enden sollte. Also kam nun der Binge oder das Binging. Binge bedeutet übersetzt so viel wie Gelage oder Exzess und bezeichnet die Tatsache, dass man versucht, das High durch Einnahme weiterer Drogen möglichst lange aufrechtzuerhalten. Um mein High weitestgehend auszudehnen, nahm ich also immer weiter Crystal. Dadurch konnte ich mich bis zu 14 Tage lang ohne Schlaf auf den Beinen halten, konnte feiern und tanzen.

Das Dumme an dem Binge ist, dass er sich nicht ewig fortsetzen lässt. Jedes Mal, wenn man in dieser Zeit Crystal nimmt, fällt das High weniger großartig aus, bis schließlich der Körper wegen des langen Schlafentzugs umschaltet auf das, was Fachleute Tweaking nennen. Das war für mich immer die schlimmste Phase. Zwei Wochen war ich aufgedreht und gut drauf, doch dann schaltete der Körper auf ein Notprogramm um. Ich fühlte mich mies. Dazu kam das Hirngeficke, also die Psychosen und Halluzinationen. Das ging so lange, bis der Crash einsetzte. Da kann man Crystal nehmen so viel man will, das bringt alles nichts – auch so ein Begriff, den ich erst in der Therapie gelernt habe. Für mich war das einfach der Punkt, an dem der Körper sozusagen abschaltete. Meistens bin ich dann erst nach zwei oder drei Tagen Schlaf wieder aufgewacht.

In diesen Momenten hatte ich dann immer nur den einen Gedanken: Ich will Crystal. Ich wusste ja, wie unbeschreiblich schön das Gefühl auf Droge war, wollte alles tun, um aus der Trostlosigkeit nach dem Aufwachen herauszukommen. Da denkt man dann nicht daran, dass der nächste Crash sicher wieder kommen wird. (...)

Ich frage mich gerade, wie sich das für jemanden anhört, der keine Drogen nimmt. Ob das alles nachvollziehbar ist."

☐ „Mara" beschreibt einen typischen Kreislauf, in den ein Crystal-Abhängiger gerät, wenn er die Droge zu sich nimmt. Skizziere die Stationen dieses Kreislaufes!

*Druffie: Szene-Ausdruck für jemanden, der „auf Drogen" ist.
(Quelle: Dr. Roland Härtel-Petri und Heiko Haupt, Crystal Meth. © 2014 riva Verlag, ein Imprint der Münchner Verlagsgruppe GmbH, München, S. 62 ff. www.rivaverlag.de All rights reserved. Mit freundlicher Genehmigung des Verlages.)

Crystal Meth – wie es im Körper wirkt

Thema:

Die Droge Crystal Meth

Intention:

Sich über die Wirkungen von Crystal Meth im Körper informieren

Fachbezug:

Biologie, Sozialkunde

Materialien/Medien:

- ☐ M 6.1/2: Crystal Meth – wie es den Körper schädigen kann (Körperumriss)
- ☐ für die Internetrecherche: Computer mit Internetzugang, Tablets, Smartphones
- ☐ für die Präsentation von Arbeitsergebnissen/Recherchen: interaktives Whiteboard/Beamer/Overheadprojektor
- ☐ für Poster/Collagen: DIN A2-Kartons, Filzschreiber, Klebstoff, farbiges Papier, Zeitschriften, Illustrierte, Scheren

Bezug zu Bausteinen dieses Heftes:

Baustein 4, Baustein 5, Baustein 7

Bezug zu Bausteinen (B) des Themenheftes „Arzneimittel":

kein Bezug

Zur Nutzung von Baustein 6

1. Handlungsziel

Mithilfe dieses Bausteins kann die stoffbezogene Auseinandersetzung mit der Droge Methamphetamin erweitert werden. In diesem Kontext kann die Lehr-/Lerngruppe interessen-/situationsbezogen und auch arbeitsteilig

- ☐ Kenntnisse über die psychischen und physischen Schäden gewinnen, die durch den Konsum von Methamphetamin verursacht werden können und kann
- ☐ sich selbst- und sozialreflexiv mit Glücksmomenten im Leben auseinandersetzen.

2. Handlungslinie

1. Zum Einstieg in die Unterrichtsarbeit sollte Bezug genommen werden auf „Maras Bericht" (vgl. Baustein 5, Materialbogen 5.2) und es sollten noch einmal die Phasen von „Maras Crystal-Trip" skizziert werden (vgl. Baustein 5, Punkt 3 der Handlungslinie).

2. Um herauszuarbeiten, was im menschlichen Körper (in „Maras Körper") geschieht, erhalten alle Schülerinnen und Schüler Materialbogen M 6 und machen sich in Einzel-/Partnerarbeit mit dem Inhalt vertraut. Fragen, die sich dabei ergeben, werden notiert, um sie anschließend im Plenum zu besprechen.

3. Mithilfe der Materialbogen M 6.1/1 und M 6.1/2 (auf DIN A3 vergrößert) – auch Materialbogen M 5.2 kann hinzugezogen weden – sowie einer Internetrecherche erarbeiten die Kleingruppen Schaubilder über Crystal Meth und seine Wirkungen auf Geist und Körper. Dabei sollten die von den Nutzern als positiv empfundenen Effekte grün (hier: kursive Schrift) und die negativen Wirkungen rot (hier: normale Schrift) hervorgehoben werden (vgl. auch Materialbogen M 7.1/3).

Beispiel:

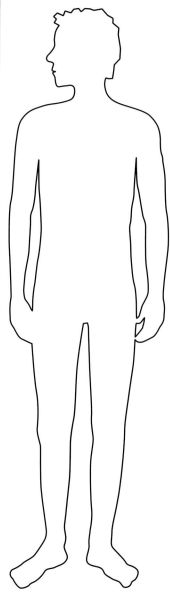

Sinnesorgane
- ☐ Schädigung der Nasenschleimhäute
- ☐ Verlust Geruchssinn
- ☐ Nasenbluten
- ☐ Trockenheit im Mund
- ☐ Karies
- ☐ abgenutzte Zähne

Kreislauf
- ☐ Herzrythmusstörung
- ☐ Herzrasen
- ☐ Kreislaufkollaps
- ☐ Herzinfarkt
- ☐ *höhere Ausdauer*

Magen
- ☐ Verdauungsprobleme
- ☐ Magenschmerzen
- ☐ Magengeschwür
- ☐ Gewichtsverlust
- ☐ *Hungergefühl wird unterdrückt*

Gehirn
- ☐ *Leistungsfähigkeit*
- ☐ *Entschlusskraft*
- ☐ *Selbstbewusstsein*
- ☐ *Stimmungsverbesserung*
- ☐ *Minderung des Angstgefühls*
- ☐ *höhere Konzentrationsfähigkeit*
- ☐ Gedächtnisstörung
- ☐ Aggression
- ☐ Schlafstörung
- ☐ Kopfschmerzen
- ☐ Gereiztheit
- ☐ Depression
- ☐ Zerstörung von Nervenzellen

Lunge
- ☐ Erweiterung der Bronchien
- ☐ Husten

Haut
- ☐ Hautrötungen durch Anstieg der Körpertemperatur
- ☐ Schwitzen
- ☐ fettige Haut
- ☐ Pickel
- ☐ aufgekratzte Stellen im Gesicht
- ☐ *mindert Kälte- und Schmerzempfinden*

4. Nach der Präsentation ihrer Schaubilder diskutiert die Lerngruppe im Plenum, ob sie Crystal für „die wohl gefährlichste Droge der Welt" hält. Ausgewählte Statements wie: „Crystal ist anders als andere Drogen!" – „Crystal ist tückisch!" – „Crystal kann dich kaputtmachen!" könnten dann dem Schaubild als Schlagzeilen hinzugefügt werden.

5. Abschließend empfiehlt es sich, mit der Gruppe über Glücksmomente im Leben ins Gespräch zu kommen. Dazu sollten die Jugendlichen in Kleingruppen ein entsprechendes Poster/eine Collage entwickeln. Mit deren Hilfe kann veranschaulicht werden, worin für die jungen Leute die alltäglichen Glücksmomente bestehen, um „im Gleichgewicht" zu bleiben. Beispiele:

☐ Beginn den Tag mit einem Lächeln im Spiegel!
☐ Pflege deine Freundschaften!
☐ Bewege dich!
☐ Tu was, was dich fordert (z. B. etwas reparieren, ein neues Hobby)!
☐ Entspanne dich und schlaf mal wieder richtig!
☐ Genieße einfach etwas (z. B. gutes Essen, „etwas Süßes", mal etwas Schönes kaufen)!

Ergänzung:
6. Wie sich Crystal und Ecstasy unterscheiden!

Crystal Meth (Methamphetamin)	Ecstasy (MDMA)
Stimulans („Aufputschmittel")	Enaktogen („das Innere berührend")
Wird chemisch hergestellt	Wird chemisch hergestellt
Die Substanz wird geraucht/geschnupft oder auch gespritzt. Sie erzeugt ein lang anhaltendes „Hoch", hält wach, steigert die Leistungsfähigkeit und erhöht das Genussempfinden.	Einnahme in Form von Tabletten bewirkt ein Gefühl sozialer Nähe und Empathie, stellt ein allgemeines Wohlbefinden her, erhöht die Selbstbeobachtung und mindert Ängste.
Die Wirkung hält etwa 12 Stunden an.	Die Wirkung hält etwa 4 Stunden an.
Erhöht vor allem die Freisetzung von Dopamin und blockiert dessen Wiederaufnahme.	Erhöht vor allem die Freisetzung von Serotonin und blockiert dessen Wiederaufnahme.
Begrenzte medizinische Verwendung für ADHS, Narkolepsie.	Als „Penicillin für die Seele" wurde MDMA in den USA in den 1970er und frühen 1980er Jahren in der Psychotherapie genutzt.
Fällt unter das Betäubungsmittelgesetz.	Fällt unter das Betäubungsmittelgesetz.

Ergänzend kann an dieser Stelle auch auf die häufig gestellte Frage eingegangen werden, ob und wie sich Crystal Meth von Ecstasy unterscheidet. Diese Frage ließe sich von einer Kleingruppe im Rahmen einer Internetrecherche bearbeiten. Dabei könnte sich die Übersicht oben ergeben.

Falls es das Leistungsniveau einer Gruppe oder auch das (schulinterne) Curriculum erlaubt, könnte von der Lehrkraft/einer Arbeitsgruppe der neurobiologische Prozess dargestellt werden, der sich „in Maras Gehirn" abspielt. Dies kann mithilfe einer Power-Point-Präsentation (oder Overhead-Projektion) geleistet werden, die in Anlehnung an die Sachinformation auf den Seiten 23-25 und durch Nutzung der Materialbogen M 7.1 und M 7.2 entwickelt wird.

Crystal Meth – wie es den Körper schädigen kann

M 6.1

Wenn Methamphetamin in die Nervenzellen des Gehirns eindringt,

☐ (...) entstehen Giftstoffe, die die Hüllen der Nervenzellen und die „Kraftwerke" der Zellen (Mitochondrien) zerstören. Das Ergebnis ist, als würden Kabel an einem Computer durchtrennt. Der Endeffekt besteht darin, dass Nervenzellen absterben, die Botenstoffe wie Dopamin und Serotonin herstellen sollen. Dem Gehirn wird somit die Möglichkeit genommen, mit eigenen Mitteln Gefühle wie Euphorie, Antrieb oder Willensstärke zu erzeugen. (...)

☐ Die mit der Zeit vollkommen durcheinandergebrachte Funktion der Nervenzellen kann im Laufe einer Sucht unterschiedlichste Folgen nach sich ziehen. Die Zerstörung der körpereigenen Dopaminproduktion macht für den Süchtigen einen ständigen Nachschub der Droge notwendig, um das „gute Gefühl" doch noch einmal erleben zu können. Allerdings funktioniert Crystal so, dass der Körper immer mehr davon verlangt, um ein früher mal gekanntes Stimmungslevel zu erreichen. Der Süchtige steigert die Dosis also stetig. Nur reicht das irgendwann nicht mehr aus, der gewünschte Effekt stellt sich auch nach dem Drogengenuss nicht mehr ein, und der Körper selbst kann ohnehin nicht mehr helfen. Der Süchtige kann dann so niedergeschlagen werden, dass er in eine tiefe Depression verfällt und Selbstmordgedanken hegt. (...) Gravierend sind auch die vielfach auftretenden Gedächtnisstörungen. Zahlreiche Süchtige berichten außerdem von ihrer Paranoia, davon, dass sie sich verfolgt fühlen. (...)

☐ Die Noradrenalinwirkung hat beispielweise auch eine Unterdrückung des Hungergefühls zur Folge. Wer zuvor vielleicht gern mal genascht hat, verzichtet nun auf das Essen, weil er einfach nicht mehr daran denkt, dass er Hunger oder Appetit hat.

☐ (...) Das führt nicht nur zu Gewichtsverlust. Magen und Darm werden davon ebenfalls beeinflusst. Ist der Darm ruhiggestellt, kann er seiner Arbeit nicht mehr nachgehen – auf Dauer resultieren daraus Verdauungsprobleme. Zudem kann Stress ein Magengeschwür hervorrufen. (...)

☐ Die Auswirkungen des Crystal betreffen im Endeffekt eigentlich jede Faser des menschlichen Körpers. Der Blutdruck ist dermaßen gesteigert, als würde sich der Mensch in einer akuten Gefahrensituation befinden. Das bedeutet aber auch, dass ein Crystal-Abhängiger im Grunde immer so hochgeputscht ist, als würde er einen Marathon laufen – was im Endeffekt zu Herzrhythmusstörungen oder gar dem Tod durch Herzinfarkt führen kann. Eine unangenehme, aber wohl nicht tödliche Nebenwirkung des hohen Blutdrucks sind außerdem immer wieder starke Kopfschmerzen. (...)

☐ Auf Crystal wird das Gebiss nicht nur durch Speichelmangel und ständiges Knirschen oder Mahlen beansprucht, der Mensch vergisst schlicht und einfach die Zahnpflege. (...)

☐ Die Abhängigen neigen durch die seltsamen Prozesse, die in ihren Hirnen ablaufen, auch zu stereotypen Handlungen. Ein Phänomen, das „Punding" genannt wird. So führen Meth-Konsumenten regelrechte Pickeljagden in ihrem Gesicht durch. Was daraus entstehen kann, das zeigen die immer wieder verbreiteten Fotos langjähriger Crystal-Konsumenten, derer Gesichter durch offene Wunden und Entzündungen entstellt sind. (...)

☐ Wird die Droge durch die Nase gezogen, hat auch das langfristig Folgen. Der ständige Genuss von Methamphetamin kann die Nasenschleimhäute schädigen und im Endeffekt zu Löchern in der Nasenscheidewand führen. Zusätzlich kann die Schädigung der Nasenschleimhaut auch einen vollständigen Verlust des Riechsinns zur Folge haben. (...)

☐ Die Autoren dieser Text-Auswahl bezeichnen Crystal Meth wegen der vielen und zum Teil tödlichen Nebenwirkungen als „die wohl gefährlichste Droge der Welt". Was meinst du dazu?

Crystal Meth – wie es den Körper schädigen kann

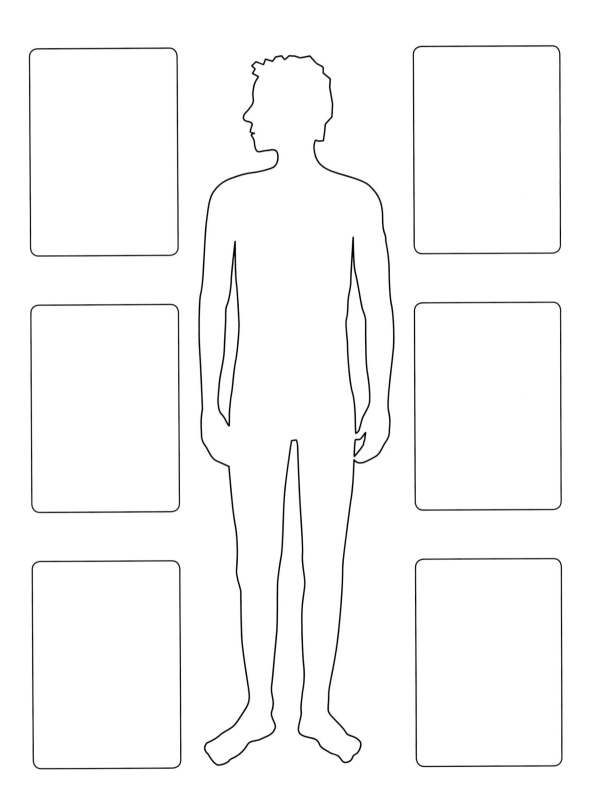

Methamphetamin – was im Gehirn geschieht

Thema:

Methamphetamin als Mittel der Leistungssteigerung

Intention:

Sich über die Wirkungen von Methamphetamin informieren, die sich vor allem im Gehirn abspielen

Fachbezug:

Biologie, Ethik

Materialien/Medien:

☐ Materialbogen M 7.1/1-/7.1/2: Methamphetamin – was im Gehirn geschieht
☐ Materialbogen M 7.1/3: Nebenwirkungen von Methamphetamin
☐ für die Internetrecherche: Computer mit Internetzugang, Tablets, Smartphones, Drucker
☐ für die Präsentation von Arbeitsergebnissen/Recherchen: interaktives Whiteboard/Beamer/Overheadprojektor
☐ für Collagen, Plakate: DIN A1-Kartons, Filzschreiber, Klebstoff, farbiges Papier, Scheren

Bezug zu Bausteinen dieses Heftes:

Baustein 4, Baustein 5, Baustein 6

Bezug zu Bausteinen (B) des Themenheftes „Arzneimittel":

kein Bezug

Zur Nutzung von Baustein 7

1. Handlungsziel

Indem sich die Lerngruppe über die neurobiologischen Prozesse informiert, die sich beim Methamphetamin-Konsum im Gehirn abspielen,

☐ kann sie relevante Kenntnisse über die psychischen und physischen Schäden gewinnen, die durch den Konsum von Methamphetamin verursacht werden können und
☐ setzt sie sich selbst- und sozialreflexiv mit dem Gebrauch/Missbrauch dieser Droge auseinander.

Dabei wird hier vorausgesetzt, dass die Schülerinnen und Schüler bereits über grundlegende Kenntnisse zu Aufbau und Funktion der Nervenzellen, Vorgängen an Synapsen, Einflüsse neurobiologisch wirksamer Substanzen und Modellvorstellungen zum Lernen verfügen. Dementsprechend eignen sich die vorliegenden Materialien vor allem zur Wiederholung von Unterrichtsstoff.

2. Handlungslinie

1. Mit Bezug auf den Methamphetamin-Gebrauch von Mara (vgl. Baustein 5) werden Materialbogen 5.2, Materialbogen M 7.1/1 – M7.1/3 genutzt, um Basisinformationen über die heute bekannten neurobiologischen Prozesse zu vermitteln, die nach der Applikation von Methamphetamin ablaufen. Dazu wird das Materialangebot von der Lerngruppe am besten in arbeitsgleicher Partner-/Gruppenarbeit bearbeitet. Es empfiehlt sich, dabei auch den Materialbogen M 6.1 zu verwenden.

Folgende Aufgaben sollten sukzessive bearbeitet werden:

1. Materialbogen M 7.1/1 wird zunächst von einer Gruppe gelesen, und es werden Verständnisfragen besprochen. Leitfragen dazu: Was versprechen sich Konsumenten vom Methamphetamin-Konsum? Auf welchen Prozessen basiert die Wirkung von Methamphetamin? Beispiel für eine Textauswertung an der Tafel:

Die „Kettenreaktion" von Methamphetamin

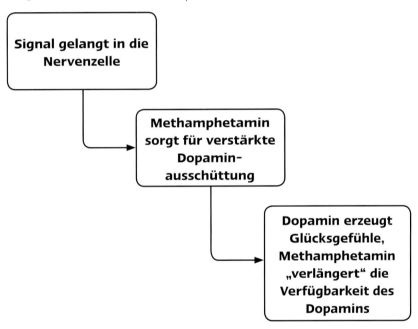

2. Der Materialbogen M 7.1/2 zeigt mittels einer Bildreihe in vereinfachter Weise die neurobiologische Wirkung von Methamphetamin. Mit Bezug auf den Materialbogen 7.1/1 wird im Plenum zunächst eine Legende für das 1. Bild angelegt (s. die folgende Skizze). Danach wird am besten in Partner-/Gruppenarbeit folgende Aufgabe bearbeitet:

   ☐ Entwickelt zu der Bildreihe, die auf dem Materialbogen M 7.1/2 gezeigt wird, erklärende Texte. Nutzt dafür den Sachtext von Materialbogen M 7.1/2.

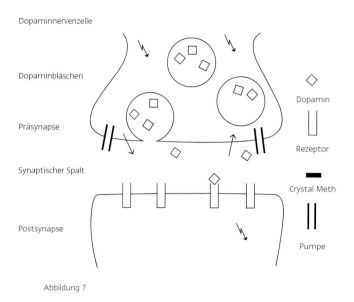

Dopaminnervenzelle

Dopaminbläschen

Präsynapse

Synaptischer Spalt

Postsynapse

Dopamin

Rezeptor

Crystal Meth

Pumpe

Abbildung 7

Beispiel für eine Erläuterung der Bildreihe:

1. Das Eintreffen des Signals führt in der Präsynapse zur Ausschüttung von Dopamin aus den Dopaminbläschen. Es gelangt über Kanäle in den synaptischen Spalt. Dort bindet es an Rezeptoren der Postsynapse und leitet somit das Signal zwischen den Nervenzellen weiter. Im normalen Zustand wird das Dopamin wiederverwertet, indem es über die sogenannten Pumpen aus dem synaptischen Spalt in die Präsynapsen zurücktransportiert wird.

2. Eine psychoaktive Substanz wie Methamphetamin führt dazu, dass zum einen vermehrt Dopamin in den synaptischen Spalt einsickert. Zum anderen blockiert es die Wiederaufnahme von Dopamin über die Pumpen und hemmt den Rücktransport von Botenstoffen in die präsynaptischen Vesikel. Somit erhöht sich die Dopaminkonzentration im synaptischen Spalt und für die Rezeptoren der Postsynapse steht ein größeres Dopaminangebot zur Verfügung. Auf diese Weise ergibt sich für einen Methamphetamin-Nutzer für mehrere Stunden eine anregende Wirkung auf Körper und Geist.

3. Kommt der Methamphetamin-Nutzer wieder im Alltagsleben an, sind die Dopaminspeicher entleert, und der Konsument fühlt sich erschöpft und antriebslos. Es kann dann bis zu einer Woche dauern, ehe die Dopaminbläschen wieder aufgefüllt sind.

4. Auf Dauer gesehen schädigt ständiger Methamphetamin-Konsum die Nervenzellen: Die Rezeptoren verringern sich, die Speicherbläschen werden zerstört und die Nervenzellen, die Botenstoffe wie Dopamin und Serotonin herstellen sollen, sterben ab. Dem Gehirn wird so mehr und mehr die Möglichkeit genommen, selber Glücksgefühle zu erzeugen. Dies geschieht nur noch, wenn die Droge konsumiert wird.

Um die (Neben-)Wirkungen von Methamphetamin deutlich zu machen, wird Materialbogen M 7.1/3 gezielt ausgewertet. Dafür bietet sich die schematische Darstellung des menschlichen Körpers (vgl. Baustein 6, Materialbogen M 6.2) an. Unterschieden wird dabei farblich zwischen erwünschten (grün) und unerwünschten Wirkungen (rot). In diesem Zusammenhang wäre auch eine Internetrecherche angebracht/notwendig.

Die Partner/Gruppen präsentieren ihre Arbeitsergebnisse mit Plakaten/Power-Point-Präsentationen/Video-Clips im Plenum und stellen fest, inwieweit sie sachlich richtig und vollständig sind.

3. Die gemeinsame Arbeit wird mit einer Pro- und Contra-Diskussion weitergeführt, indem die Gruppen sich mit folgender Aussage eines Jugendlichen über Methamphetamin („Crystal") auseinandersetzen:

Dieses Zeug ist voll krass. Wenn du vorher schlecht drauf warst, jetzt knallt deine Stimmung hoch. Chillen ohne Ende. Es rauscht durch deine Adern und macht dich unbesiegbar. Mädchen finden das cool. Alle nehmen das, Promis, Spitzensportler. Die wissen, was gut ist. Oder hast du Angst? Also, was ist ...?!

Beispiel für eine Pro- und Contra-Darstellung:

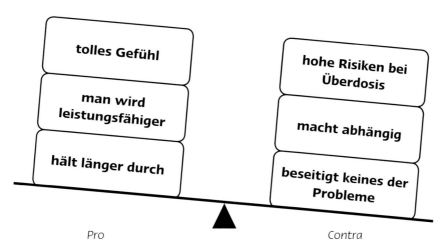

Pro — Contra

Dass das „Pro und Contra" in Sachen Methamphetamin auch aus medizinischer Sicht differenzierter zu sehen ist, sollte am Beispiel der Medikamente „Ritalin"/„Medikinet" untersucht werden. Diese Methylphenidat-Präparate werden bei der Behandlung des Aufmerksamkeitsdefizit-/Hyperaktivitäts-Syndroms (ADHS) genutzt. Dazu empfiehlt sich als Zusatzaufgabe die Recherche im Internet (vgl. auch die Sachinformation im Themenheft „Arzneimittel; S. 29–31).

Materialbogen 7.1/1

Methamphetamin – was im Gehirn geschieht

Ein Textauszug aus dem Buch „Crystal Meth" beschreibt unter dem Titel „Kurzschluss im Kopf", was sich durch Methamphetamin-Konsum im Gehirn abspielt:

Was im Gehirn geschieht, hat vor allem mit den sogenannten Botenstoffen (Neurotransmitter) zu tun. Die sind zwischen den Hirnzellen für die Übertragung von Signalen und Informationen zuständig. Was das wiederum heißt, lässt sich an einem einfachen Beispiel verdeutlichen: Wenn wir an einem Computer arbeiten, dann werden dort Informationen durch Tastendruck oder andere Befehle auf elektrischem Weg von Bauteil zu Bauteil weitergegeben. Was die Elektrik und Elektronik im Computer macht, das ermöglichen im Gehirn die Botenstoffe. (...) Zu diesen Botenstoffen zählt ... das Dopamin, der Hauptbotenstoff im Belohnungssystem, das mitverantwortlich für die Antriebssteigerunng und die Motivation des Menschen ist. (...)

Zwischen zwei Nervenzellen gibt es kleine Zwischenräume, in die Botenstoffe auf einen elektrischen Befehl hin ausgeschüttet werden. Die Botenstoffe docken an Rezeptoren an der nächsten Zelle an und lösen dort durch den Einstrom von Salzen wieder einen elektrischen Impuls aus, der weitergeleitet wird. Die Botenstoffe werden recycelt, indem sie über spezielle Pumpen in die Nervenzelle aufgenommen und dort gespeichert werden. Dann stehen sie für den nächsten Befehl wieder zur Verfügung.

Die Droge Crystal Meth sorgt dafür, dass plötzlich sehr viele dieser Botenstoffe ausgeschüttet werden und in dem Spalt zwischen den Zellen verbleiben, da nun die Aufnahmepumpen gehemmt sind. Herz und Kreislauf geraten in einen Zustand, der im Grunde der Situation entspricht, wenn ein Mensch einem Löwen in freier Wildbahn gegenübersteht. Alle Sinne sind geschärft, das Herz pocht und schlägt schneller, der Kreislauf gerät in Wallung.

Die Ausschüttung von Botenstoffen wie Serotonin und Dopamin beschert ein Glücksgefühl, eine trügerische Klarheit der Gedanken und einen bislang kaum gekannten Willen etwas zu tun und es mit Freude zu tun. (...)

Beim „Runterkommen", also in der Postkonsumphase, sind die Speicher erschöpft, der Konsument fühlt sich ausgelaugt und antriebslos. Der Mangel an Serotonin führt zudem zu Gereiztheit und vermehrter Aggressivität. Nach vier bis sechs Tagen sind die Vorräte dann grundsätzlich wieder erholt. Wie bei allen Suchtstoffen führt eine chronische Zufuhr jedoch zu Anpassungsprozessen. Die Andockstellen der Neurotransmitter, die Rezeptoren, werden reduziert, es wird mehr von der Droge benötigt, um wieder die gleiche Wirkung zu erzielen. Die Neubildung dieser Rezeptoren dauert einige Wochen.

Doch Crystal führt nicht nur zu einer schnelleren und stärkeren Ausschüttung der Botenstoffe: Es zerstört die „Kabel", die Axone und Nervenendigungen, weil es anders arbeitet als andere bekannte Drogen. (...) Methamphetamin dringt in die Nervenzelle selbst ein, beziehungsweise wird von dieser aufgenommen. Die Nervenzelle versucht dann, das Methamphetamin abzubauen. Dabei entstehen Giftstoffe, die die Hüllen der Nervenzellen und die Kraftwerke der Zellen, die sogenannten Mitochondrien, zerstören. Die Nervenzellausläufer sterben ab. Das Ergebnis ist, als würden Kabel an einem Computer durchtrennt. Insgesamt ist der Prozess weitaus komplexer, als es sich hier beschreiben lässt. Der Endeffekt besteht jedoch darin, dass Nervenzellen absterben, die Botenstoffe wie Dopamin und Serotonin herstellen sollen.

(Quelle: Dr. Roland Härtel-Petri und Heiko Haupt, Crystal Meth. © 2014 riva Verlag, ein Imprint der Münchner Verlagsgruppe GmbH, München, S. 105-107 www.rivaverlag.de All rights reserved. Mit freundlicher Genehmigung des Verlages.)

Methamphetamin – was im Gehirn geschieht

Die folgende Bildreihe veranschaulicht sehr vereinfacht, welche Folgen sich durch den Methamphetaminmissbrauch in der Dopaminnervenzelle ergeben können.

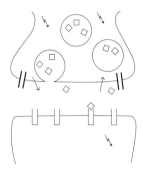

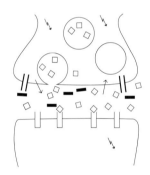

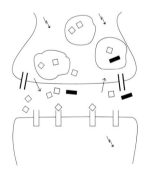

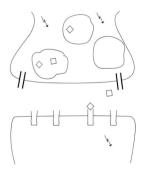

Abbildung 8

Nebenwirkungen von Methamphetamin

Insbesondere bei hoher Dosierung hat Methamphetamin eine Reihe schädlicher Nebenwirkungen. Bei akuten Überdosierungen stellt sich z. B. eine Art überdrehtes Delirium mit Übelkeit, Herzrasen, Panikattacken und andere Symptomen ein. Die akute Erhöhung des Blutdrucks und der Herzschlagrate kann lebensbedrohliche Komplikationen bis hin zum Herzstillstand verursachen. Untersuchungen zeigen, dass regelmäßiger Gebrauch das Risiko für Arteriosklerose und andere Gefäßerkrankungen deutlich erhöht und auf Dauer das Herz verändert. Forscher vermuten auch, dass parallel dazu das Hirninfarktrisiko steigt. Bei häufigem und hochdosiertem Konsum können auch Nervenzellen zerstört werden. Gedächtnis- und Konzentrationsprobleme sind die Folge (1).

Es besteht kein Zweifel, dass Methamphetamin auf Dauer süchtig macht. „Untersuchungen deuten darauf hin, dass ein Dopaminmangel im Streifenkörper des Gehirns dafür verantwortlich ist." (2) Methamphetamin setzt Dopamin aus den Nervenzellen frei, so dass die körpereigenen Dopamin-Vorräte schnell erschöpft sind (3). „In hohen Dosen dämpft die Substanz dauerhaft die für die Weiterleitung von Nervensignalen zuständigen präsynaptischen Enden der Axone im Streifenkörper." (4) Dies trägt vermutlich zur Suchtentstehung bei und sorgt möglicherweise dafür, dass Entzugserscheinungen vergleichsweise lang andauern (5). Doch nicht jede Person spricht in der gleichen Weise darauf an, manche sind empfänglicher für die Wirkung. So reagieren vor allem jene Personen mit gesteigertem Selbstwertgefühl, der Erhöhung der Leistungsfähigkeit und der Empfindung besonderer geistiger Klarheit, die das Gefühl haben, dass es ihnen an diesen Eigenschaften mangelt.

Schon seit den 1930er Jahren weiß man, dass sich besonders bei hohen Dosen eine Psychose entwickeln kann. Die dabei entstehenden paranoiden Wahnvorstellungen können starke Angstzustände auslösen. Kennzeichnend sind zudem optische und taktile Mikrohalluzinationen, bei denen die Betroffenen angeben, dass Ameisen, Läuse oder Wanzen unter ihrer Haut laufen würden (6). Psychosen treten häufiger als bei anderen Drogen im Zusammenhang mit Methamphetamin auf. Auch mit Depressionen und Suizidversuchen wird Methamphetamin in Verbindung gebracht. Persönlichkeitsveränderungen, Psychosen und Paranoia aufgrund von Schlafentzug oder Prädisposition sind als Nebenwirkungen bekannt. In der Regel führt eine häufige Einnahme zur Gewöhnung und zu späteren Dosissteigerungen um den Wirkungsverlust auszugleichen (7). Beim Absetzen der Drogen zeigen sich meist typische Entzugssymptome, von denen die psychischen Anteile wie Depressionen oder Angstzustände im Vergleich zu körperlichen Symptomen wie Schwitzen oder Zittern überwiegen. Im Verlauf einer Entgiftung klingen diese Symptome zumeist nach ein bis zwei Wochen ab. Dennoch erfordert die psychische Komponente der Abhängigkeit, das starke Verlangen nach der Droge, häufig eine lange psychotherapeutische Behandlung.

Anmerkungen und Quellen

(1) siehe im Internet auch unter: http://www.spektrum.de/wissen/5-fakten-zu-crystal-meth/1304742. Letzter Zugriff am 07.10.2015; vgl. dazu auch: Rommelspacher, H.: Amphetamine und Enaktogene. In: Gastpar, M./Mann, K./Rommelspacher, H. (Hg.): Lehrbuch der Suchterkrankungen. Stuttgart/New York 1999, S. 228–236
(2) ebd.
(3) siehe ebd.
(4) ebd.
(5) siehe ebd.
(6) siehe auch die kompakte Darstellung zur Droge Methamphetamin im Internet unter: http://www.drugcom.de/drogenlexikon/buchstabe-a/methamphetamin. Letzter Zugriff am 07.10.2015
(7) siehe ebd.

4.2 Die Bausteine für die 11./12. Klasse

Den inhaltlichen Schwerpunkt für die Klassenstufe 11/12 bildet die Auseinandersetzung mit dem Gebrauch/Missbrauch der Droge Methamphetamin zu Zeiten der nationalsozialistischen Gewaltherrschaft (vgl. auch Kapitel 2, S. 14 bis S. 20). Es geht vor allem darum, den Umgang mit dieser Droge aus einer historisch-politischen Perspektive sichtbar zu machen und problemorientiert zu diskutieren. Dabei wird vorausgesetzt, dass „der Zweite Weltkrieg" Gegenstand des Unterrichts war oder ist. In diesem Sinne verstehen sich die folgenden 3 Bausteine auch als Montageteile für einen fächerübergreifenden/fächerverbindenden (Kurs-)Unterricht.

Ausgegangen wird von der Leitvorstellung, dass der persönliche und gesellschaftliche Gebrauch einer Droge auch immer in einen Prozess sozialer Konstruktion eingebunden ist und von verschiedenen gesellschaftlichen und politischen Rahmenbedingungen bestimmt wird. In diesem Sinne wird versucht, die Rolle der Droge Methamphetamin zu Zeiten des Nationalsozialismus in Deutschland ansatzweise sichtbar zu machen und wertebezogen zu diskutieren. Dabei steht hier der systematische – durch staatliche Organisationen wie Militär- und Parteiapparat im NS-Staat – gelenkte Drogeneinsatz im Vordergrund. Es geht dabei aber auch um das Sichtbarmachen von Einzelfällen. Doch es ist ein grundlegender Unterschied, ob der Einzelne sich frei entscheidet oder die Einnahme ihm von Staats wegen nahe gelegt oder verordnet wird. Insofern sind auch ethisch-moralische Fragen zu diskutieren:

☐ Was war/ist im Zusammenhang mit Methamphetaminkonsum verboten, was ist erlaubt?

☐ Wo liegen die Grenzen zwischen zulässigen Versuchen im Dienste des medizinischen Fortschritts, und wo beginnen menschenverachtende Experimente?

Bei der Auseinandersetzung mit diesen Fragen können Lehr-/Lerngruppen auch herausarbeiten, wie widersprüchlich Drogenpolitik war und sein kann und dass die Grenzen zwischen der Verwendung von legalen und verbotenen Mitteln zur Leistungssteigerung sowohl fließend sind, als auch immer wieder überschritten werden.

Für alle Bausteine sind Arbeitsaufgaben vorgesehen, die von den Schülerinnen und Schülern den Transfer aus der Vergangenheit in die Gegenwart herausfordern und zugleich die „Aktualität der Vergangenheit" erkennen lassen. Die Arbeitsaufgaben verstehen sich als Vorschläge und sollten immer auf die eigene Lerngruppe bezogen und gegebenenfalls modifiziert werden.

Die Materialien der Bausteine sind so konzipiert, dass sie jeweils eine Variabilität der Arbeits- und Sozialformen ermöglichen. In diesem Kontext kann vor allem die Teamarbeit eine bedeutsame Rolle spielen, und Präsentationstechniken aller Art lassen sich nicht nur anwenden, sondern auch vertiefen und verbessern.

Für die Förderung von Selbstkompetenz eignet sich besonders folgender Baustein:

☐ **Baustein 8:**   Die Schrecken des Krieges – ein Schriftsteller erzählt

Für die Förderung von Sozial- und Sachkompetenz sind folgende Bausteine geeignet:

☐ **Baustein 9:**   Versuche mit Pervitin in der Zeit des Nationalsozialismus
☐ **Baustein 10:**   Zur Drogenpolitik im Nationalsozialismus

Die Schrecken des Krieges – ein Schriftsteller erzählt

Thema:

Heinrich Böll als Soldat im 2. Weltkrieg

Intention:

Motive für den individuellen Konsum von Methamphetamin kennenlernen, untersuchen und diskutieren, die sich in der existenziellen Ausnahmesituation eines Krieges zeigen.

Fachbezug:

Politik-/Sozialwissenschaften, Geschichte, Deutsch, Ethik/Religion

Materialien/Medien:

- ☐ M 8.1/1 – M 8.1/3: Die Schrecken des Krieges – ein Schriftsteller erzählt
  M 8.2/1 – M 8.2/2: Prominente unter Pervitineinfluss
- ☐ für die Internetrecherche: Computer mit Internetzugang, Tablets, Smartphones, Drucker
- ☐ für die Präsentation von Arbeitsergebnissen/Recherchen:
  interaktives Whiteboard/Beamer/Overheadprojektor
- ☐ für Collagen: DIN A1-Kartons, Filzschreiber, Klebstoff, farbiges Papier, Scheren
- ☐ für die Recherche: Video-Film „Drogen im Krieg". In: 3sat Mediathek vom 3.5.2012/Scobel: Drogen im Krieg.; im Internet abrufbar unter: http://www.3sat.de/mediathek/?mode=play&obj=30714, zugänglich auch unter: http://www.zdf.de/ZDFmediathek/beitrag/video/1633778/Drogen-im-Krieg#/beitrag/video/1633778/Drogen-im-Krieg. Letzter Zugriff am: 15.02.2015

Bezug zu Bausteinen dieses Heftes:

Baustein 7, Baustein 9, Baustein 10.

Bezug zu Bausteinen (B) des Themenheftes „Arzneimittel":

kein Bezug

Zur Nutzung von Baustein 8

1. Handlungsziel

Kriegserlebnisse und -erfahrungen lassen sich für Außenstehende – und das sind die meisten deutschen Jugendlichen heute – nur indirekt über Ton-/Bilddokumente, Erzählungen oder Texte aller Art rekonstruieren. In vielen Fällen erweisen sich die Erlebnisse für Kriegsteilnehmer(innen) selbst – und bezogen auf diesen Umstand können sich auch Kriegsflüchtlinge in der Lerngruppe befinden – als traumatische Ereignisse, die zu psychischen Störungen führen können. Es empfiehlt sich daher, sich dem Thema behutsam zu nähern:

☐ Zum einen geht es darum, all die Bilder im Wortsinne sichtbar zu machen, die die Jugendlichen mit dem Begriff Krieg assoziieren und

☐ zum anderen darum, die Kriegserlebnisse des Soldaten Heinrich Böll als eine existenzielle Bedrohung zu deuten und zu verstehen, die er auch mithilfe des Mittels Pervitin zu bearbeiten versuchte.

Da das Material fächerübergreifend/fächerverbindend angelegt ist, hängt der Einstieg in den Unterricht mithilfe von Materialbogen M 8 im Detail von der Verzahnung und den Absprachen mit den Fächern Deutsch, Geschichte, Ethik/Religion und Politik-/Sozialwissenschaften ab. Dabei wäre auch zu klären, ob der Schriftsteller Heinrich Böll den Schülern bekannt ist und wie intensiv seine Briefe aus dem Krieg zu behandeln sind.

2. Handlungslinie

1. Am besten steigt man in den Handlungszusammenhang ein, indem man im Plenum einen Cluster/eine Mind Map zum Begriff Krieg entwickeln lässt. Nach der Diskussion dieser Begriffsnetze sollten Kleingruppen die Möglichkeit erhalten, ihre Assoziationen mit Hilfe von Fotos, eigenen Zeichnungen, Zitaten oder Texten zu großformatigen Collagen zu verarbeiten. Der Zugriff auf die Kriegsbilder im Internet sollte von der Lehrperson gesteuert werden, indem sie beispielsweise ausgewählte Fotos im Unterrichtsnetz ablegt.

2. Nach Vorstellung des Schriftstellers Heinrich Böll wird Materialbogen M 8.1 genutzt. Die Schülerinnen und Schüler lesen zunächst die Textauszüge über Bölls Kriegseindrücke individuell und setzen sich dann möglichst in Partnerarbeit mit seinen Aussagen auseinander. In diesem Zusammenhang werden sie aufgefordert, seine Wahrnehmungen, Gefühle, Belastungen und Beobachtungen aus dem schrecklichen Alltag des Krieges in Form einer Übersicht darzustellen. Dabei können auch zusätzlich die verschiedenen „Kriegsschauplätze" auf einer Karte sichtbar gemacht werden. In der Kommentar-Spalte können die Jugendlichen anmerken, was sie über Pervitin wissen und weshalb Böll in seinen Briefen nach Pervitin verlangt.

Datum/Ortsangabe	Bölls Beobachtungen	Kommentar
28.6.40 Bromberg	Exerzieren, Stimmung auf dem Nullpunkt, niedergeschlagen, lässt sich Pervitin schicken	
19.7.40 Bromberg	Marsch mit Infanterie, Strapazen, Füße schmerzen, lässt sich Pervitin und Zigaretten schicken	
5.8.40 Frankreich	Zugfahrt, Strapazen, Hitze	
5.8.40 Frankreich	Pervitin hilft bei Strapazen, hebt die Stimmung	
7.8.40	Sieht Verwüstungen, Zerstörungen, beneidet die Tiere, weil sie nicht mit einem Gehirn belastet sind	
17.12.40 Mülheim	Leidet unter dem Militär, das verkörperte Grauen	
5.5.41 Köln	Trostlose Straßenzüge, Entsetzen, arme und bemitleidenswerte Gesichter	
9.7.41 Köln	Sieht das brennende Köln	
15.11.41 Köln	Freut sich auf ein trockenes Brötchen, ohne Hoffnung	
30.12.41 Zugbegleitung	Sieht bettelnde Kinder, ihre zerstörten Hoffnungen	
23.1.42 Köln	Sieht die gequälten und erniedrigten Menschen, empfindet Hass und Wut auf dieses Leben	
31.1.43 Westen	Kopfschmerzen durch Stahlhelm und Gasmaske, unendliche Müdigkeit	
19.5.43 Am Kanal	Ist verzweifelt, hofft auf Kriegsende – auf ein Ende des Wahnsinns, Leben in Trümmern.	

3. Im Plenum werden die Partnerarbeiten vorgestellt und besprochen, und anschließend wird auf die Funktion des Pervitins für Böll eingegangen. Mögliche These dazu:

Vermutlich wollte Böll mithilfe von Alkohol, Zigaretten und des Aufputschmittels Pervitin gegen Niedergeschlagenheit, Schmerzen, Strapazen und gegen die wachsende Verzweiflung „innerlich ankämpfen"!

In diesem Zusammenhang kann auch Baustein 7 genutzt werden, um neurobiologische Kenntnisse kursorisch zu wiederholen.

Zur Einführung in den Problemzusammenhang lässt sich auch die Video-Dokumentation der 3sat-Mediathek/Scobel: „Drogen im Krieg" nutzen, vor allem die Einführung bis zur Minute 07:15 (s. oben unter Materialien/Medien).

B 8

BAUSTEIN

In der folgenden Diskussion wird noch einmal auf den Pervitin-Konsum Heinrich Bölls im Krieg eingegangen: Was spricht aus heutiger Sicht für seinen Konsum, was spricht dagegen? (vgl. auch die Pro-Contra-Diskussion in Baustein 7, S. 74)

4. Dass Heinrich Böll kein Einzelfall war und dass Pervitin/Methamphetamin nicht nur im Zweiten Weltkrieg, sondern auch nach Kriegsende gesellschaftlich „akzeptiert" war, kann von den Arbeitsgruppen mithilfe der Biografien prominenter Personen untersucht werden. Bei der Nutzung von Materialbogen M 8.2 empfehlen sich ein arbeitsteiliges Vorgehen und eine gemeinsame Vorstellung aller Kurzbiografien. Dabei sollten dann vor allem die unterschiedlichen Situationen und persönlichen Ziele herausgearbeitet werden, die zur Einnahme oder gar Abhängigkeit von Pervitin/Methamphetamin geführt haben.

Beispiel für die Auswertung von M 8.2

a) Muss als Soldat lange marschieren, sieht die Schrecken des Krieges, zur Hebung der Stimmung, Leistungssteigerung, Dämpfung des Angstgefühls

b) Soll abnehmen, sich nicht weiter zur Frau entwickeln, Appetitlosigkeit, Verschwinden des Hungergefühls, Erweiterung der Pupillen, Mittel wird ihr verabreicht

c) Überforderung, Selbstbewusstsein und Entschlusskraft sollen gesteigert werden und auch die Leistungsfähigkeit

d) Entscheidet für sich allein, Leistungswille wird verstärkt, indem durch Überwindung des toten Punktes die Leistungen bis zur absoluten Leistungsgrenze ermöglicht werden, Unterdrückung des Schlafbedürfnisses, des Hungers, des Schmerzes und der Kälte

e) Will gewinnen, Energiezunahme, Hebung des Selbstbewusstseins und der Entschlusskraft, Steigerung der Aggression, Gefühl der Stärke, Schmerzempfinden herabgesetzt

f) Überforderung, Steigerung der Freude an der Arbeit, Entschlusskraft, Konzentrationsfähigkeit, mehr Ausdauer

Die Schrecken des Krieges – ein Schriftsteller erzählt

Der 1917 geborene Kölner Schriftsteller und Literaturnobelpreisträger Heinrich Böll war vom August 1939 bis zum Kriegsende 1945 Soldat der deutschen Wehrmacht. Diese Zeit des Krieges hat er besonders in seinen literarischen Werken der Nachkriegsjahre verarbeitet (1). In den Feldpost-Briefen, die der junge Soldat an seine spätere Frau Annemarie, seine Familie und Freunde schreibt, versucht er, die verstörenden und belastenden Kriegsereignisse mit eigenen Worten zu fassen (2). In manchen seiner Briefe bittet er auch um das Stimulans Pervitin, das in Tablettenform noch bis Mitte 1941 rezeptfrei in Apotheken zu erhalten war.

Abbildung 9 (Quelle: © Heinrich Böll Fotoarchiv)

Auszüge aus Bölls Briefen

„Meine Stimmung ist etwa minus 30. Wenn wir hier länger als drei Wochen bleiben, werde ich verrückt. Die Kaserne ist gräßlich, und die Aussicht, wieder exerzieren zu müssen, versetzt mich in eine unsagbar tiefe Niedergeschlagenheit. Falls ihr die Sachen noch nicht weggeschickt habt, schickt sie hierhin. Vor allem Turnschuhe und Pervitin." (Briefe aus dem Krieg 1939–1945, S. 67; Bromberg, 28.6.40)

„Der Marsch heute Morgen war eine kleine ungefährliche Kostprobe von den Strapazen des Polenfeldzuges, die polnischen Straßen sind unglaublich – mit meinen Füßen geht es trotz Einlagen nicht besonders gut. Es ist wirklich Hohn, dass ich ausgerechnet zur Infanterie kommen musste. (...) Schickt mir nach Möglichkeit bald noch etwas Pervitin und von den Hillhall oder Kamil-Zigaretten...". (Briefe aus dem Krieg 1939–1945, S. 80f; Bromberg, 19.7.40)

„Quer durch Deutschland, quer durch Holland und nun durch Belgien, dann nach Frankreich hinein. 60 Stunden haben wir nun voll. Wer weiß, wie lange noch." (Briefe aus dem Krieg 1939–1945, S. 90; Flandern, 4.8.40)

„Allmählich artet unsere Fahrt in eine Strapaze tollsten Ausmaßes aus. Die Hitze ist unerträglich. Ich bin soweit, dass ich nun (in der 85. Fahrstunde) zehn Mark für ein erquickendes Bad gäbe." (Briefe aus dem Krieg 1939–1945, S 90; Frankreich, Brief v. 5.8.40)

M 8.1/2

Die Schrecken des Krieges – ein Schriftsteller erzählt

„Nach Feierabend trinke ich für 30 oder 40 Pfennige Wein und Sherry-Brandy. Das genügt jedes Mal, um meine Stimmung zu heben. Dann schlafe ich glücklich ein, Pervitin habe ich noch einen kleinen Vorrat – es kommt bei den Strapazen fabelhaft zur Wirkung und Geltung. Es wäre schön, wenn Ihr noch etwas auftreiben könntet." (Briefe aus dem Krieg 1939–1945, S. 98; Frankreich, 5.8.40)

„Es ist ja auch unglaublich, was wir allein in den kurzen Stunden, die wir nun nur tagsüber gefahren sind, an Verwüstungen und Zerstörungen gesehen haben. All die Bahnhöfe sehen alle furchtbar aus, das alles wirkt noch grauenhafter angesichts der herrlichen Fruchtbarkeit der französischen Landschaft (...) Es war wirklich die Hölle, dann sah man noch in den Kellern der zerstörten Häuser hier und dort Lichter flackern und die Schatten von Leuten, die etwas suchten. Es gibt nichts Grauenhafteres als den Krieg. (...) Ich glaube, man kommt noch so weit, dass man die Tiere beneidet. Weil sie nicht mit einem Gehirn belastet sind." (Briefe aus dem Krieg 1939–1945, S. 93f; Frankreich, 7.8.40)

„Ich habe immer viel geschimpft auf Militär, Kaserne usw. So wie ich tatsächlich darunter leide, hab ich noch niemand erzählt – es ist für mich tatsächlich, wirklich und wahrhaftig, das verkörperte Grauen, nicht nur im großen und ganzen, nein, jede geringste Kleinigkeit ist mir eine Pein. Es gibt kein Wort, um zu beschreiben, wie entsetzlich mir das ist." (Briefe aus dem Krieg 1939–1945, S. 147; Mülheim, 17.12.40)

„Oh, diese unglaublich trostlosen Straßenzüge, über denen die hoffnungslose Abgestorbenheit der Bewohner liegt wie ein lähmendes Entsetzen ... Das Allerentsetzlichste sind doch die Gesichter der Zeitgenossen, ach ich kann sie nicht hassen, ich kann sie nicht lieben, es ekelt mich nur ganz entsetzlich. Nirgendwo siehst du auch nur einen Schimmer von Leben, Glanz oder Feuer, alle diese Uniformen, grauen, müden und so unsagbar armen und bemitleidenswerten Gesichter." (Briefe aus dem Krieg 1939–1945, S. 185f; Köln, 5.5.41)

„Ich bin doch sehr traurig, wenn ich bedenke, wie entsetzlich verlassen und verraten alle die vielen sind, die irgendwo bluten und sterben, denn es gibt doch in Wahrheit keine Dankbarkeit und niemand denkt mehr an sie." (Briefe aus dem Krieg 1939–1945, S. 186; Köln, 8.5.41)

„Ich klebe vor Schweiß, und sooft ich mich auch wasche und wieder abwische, es nützt doch alles nicht. – ich vergesse es nicht, der Dom war hellrot erleuchtet die Funken stoben wild durch die Luft, und das Krachen der Balken und das Heulen der Flammen erfüllte die Nacht." (Briefe aus dem Krieg 1939–1945, S. 212; Köln, 9.7.41)

Die Schrecken des Krieges – ein Schriftsteller erzählt

„Die warmen Minuten sind so kurz und die kalten so elendiglich lang und man konnte sich freuen auf ein letztes trockenes Brötchen (das eins von den wenigen Resten des Paradieses ist – wenn man Hunger hat) Dann zurück über den kalten Hof (…) und dann noch eine Ewigkeit im Kühlen lange kalte Minuten gewartet, auch, alles vereiste wieder und alles fror wieder ein, die Kälte kroch wieder unten im Mantel herein … ach, alles ist hoffnungslos."

(Briefe aus dem Krieg 1939–1945, S. 263; Köln, 15.11.41)

„Sooft wir halten, umringen Kinder unseren Waggon und betteln um Brot, auch Frauen, armselig gekleidet, mager, mit bitteren Gesichtern, stehn am Wege (…) wenn unser ganzer Zug aus Brotwagen bestände, könnten wir nicht allen Hungrigen etwas geben. (…) Als wir mitten in der Stadt Namur hielten, sprang ein Junge an unserem Wagen hoch und reichte uns einen Zettel, darauf stand: Brot. (…) Das flehende, bleiche Gesicht des taubstummen Kindes hing an mir wie an einer allerletzten Hoffnung und ich frage mich, welcher Mensch zwischen Himmel und Erde wohl dem Kind diese letzte Hoffnung zerstört hätte!"

(Briefe aus dem Krieg 1939–1945, S. 277f; Zugbegleitung, 30.12.41)

„Ist es nicht ganz unsagbar hoffnungslos zu sehen, wie hier die Menschen gequält und auf eine unaussprechliche Weise erniedrigt werden, ehe sie dann endlich, endlich für das Vaterland sterben dürfen! (…) nur einmal müsstet Ihr wissen, wie die Väter eurer Kinder behandelt werden. Solange ich lebe, solange ich lebe, werde ich nur voll von unsagbar tiefem Hass und Schmerz und Wut an dieses Leben denken können."   (Briefe aus dem Krieg 1939–1945, S. 287; Köln, 23.1.42)

„Nun ich bin schon wieder müde, müde. Meine Kopfschmerzen lassen etwas nach, oft ganz wo Stahlhelm und Gasmaske mich tagsüber nicht mehr bedrücken- ach vielleicht ist alles nur eine Nervengeschichte, die sich schnell wieder ganz behebt – anhaltend ist allein das spontane Zittern der Augen, das mich überfällt."

(Briefe aus dem Krieg 1939–1945, S. 604; Westen, 31.1.43)

„Gott gebe, dass dieser wahnsinnige Krieg bald zu Ende geht. Es ist wirklich, als ob ein vollkommener Irrsinn alle Völker befallen hätte … Wie mag dieser ganze Wahnsinn ausgehen? Wir werden bestimmt auf Trümmern leben müssen, in der Hinsicht auf Trümmern, wenn wir nur leben, leben, leben …"

(Briefe aus dem Krieg 1939–1945, S. 773; Am Kanal, 19.5.43)

Quelle: „Briefe aus dem Krieg 1939-1945" von Heinrich Böll. Herausgegeben und kommentiert von Jochen Schubert © 2001. Verlag Kiepenheuer & Witsch,GmbH & Co KG, Köln

Anmerkungen und Literatur

(1)   Der Sammelband Böll, Heinrich: Wanderer kommst du nach Spa … , erschienen beim dtv Verlag München, enthält 25 Erzählungen, in denen Böll das Grauen und die Folgen des Krieges aufarbeitet. München 2005 (42. Auflage)
(2)   Eine Taschenbuchausgabe der Briefe 1939–1945 ist erschienen im dtv Verlag, München 2003
(3)   Schröter, K.: Heinrich Böll. Rowohlt: Reinbek bei Hamburg 2007
(4)   Schubert, J.: Heinrich Böll. Fink: Paderborn 2011

Prominente unter Pervitineinfluss

In den folgenden Kurztexten geht es um Biografien, in denen das Pervitin/Methamphetamin eine erhebliche und zum Teil verhängnisvolle Rolle gespielt hat. Fast alle Personen haben zu Lebzeiten öffentlich gemacht, dass sie diese Droge genommen haben, um bestimmte Ziele zu erreichen.

a) **Heinrich Böll** (Literaturnobelpreisträger im Jahr 1972) war als Soldat von 1939–1945 im Krieg. In seinen Briefen ließ er immer wieder anklingen, wie bedrückend er den Krieg wahrgenommen hat. In diesen Briefen bittet er seine Eltern mehrfach, ihm Pervitin zu schicken, um die Gewaltmärsche und die deprimierenden Erlebnisse zu ertragen. Es wird angedeutet, dass Heinrich Böll auch nach dem Krieg nicht so schnell von diesem Stimulans lassen konnte (1).

Abbildung 9
(Quelle: © Heinrich Böll Fotoarchiv)

b) Als sich 1938 bei den Dreharbeiten zum Filmmusical „Wizard of Oz" herausstellte, dass die pubertierende Darstellerin **Judy Garland** für die Rolle der kindlichen Dorothy langsam zu reif wurde, verschrieb der Arzt Benzedrin in so großen Mengen, dass ihr Körperwachstum und ihr Hunger auf null reduziert werden konnten. Judy Garland sang mit großem Erfolg unter starkem Amphetamin-Einfluss mit weit aufgerissenen Augen und erweiterten Pupillen „Somewhere over the Rainbow" (2).

Abbildung 11
(Quelle: ullstein bild – United Archives)

c) **Ernst Udet** – hochdekorierter Jagdflieger des Ersten Weltkrieges – war im Reichsluftfahrtministerium verantwortlich für die technische Ausrüstung der Luftwaffe und bekleidete ab 1939 das Amt des Generalluftzeugmeisters der Wehrmacht. Da Ernst Udet wenig technische oder organisatorische Fähigkeiten besaß, fühlte er sich ständig überfordert. So konsumierte Udet in seinen letzten Lebensjahren immer exzessiver zahlreiche Genuss- und Rauschmittel wie Tabak, Alkohol und Pervitin. Er hatte sich schon lange an ein halbes Dutzend Pervitin vor dem Frühstück gewöhnt. Den bitteren Geschmack der Tabletten spülte er mit Cognac runter. Nach militärischen Misserfolgen und Anfeindungen erschoss er sich 1941 (3).

Abbildung 12
(Quelle: dpa Picture-Alliance)

Anmerkungen und Literatur

(1) vgl. Böll, Heinrich: Briefe aus dem Krieg 1939–1945. dtv, München 2003
(2) vgl. Dany, Hans-Christian: Speed. Eine Gesellschaft auf Droge. Edition Nautilus, Hamburg 2008. http://www.edition-nautilus.de/programm/politik/buch-978-3-89401-569-5.html. Letzter Zugriff am 08.10.2015
Im Internet findet sich im Videoportal „Youtube" ein Filmausschnitt mit dem Song von Judy Garland „Somewhere over the Rainbow" unter: https://www.youtube.com/watch?v=PSZxmZmBfnU. Letzter Zugriff am 07.10.2015
(3) vgl. Ohler, Norman: Der totale Rausch. Drogen im Dritten Reich. Kiepenheuer&Witsch, Köln 2015, S.132

Prominente unter Pervitineinfluss

d) **Hermann Buhl** bestieg 1953 im Alleingang und ohne künstlichen Sauerstoff den Nanga Parbat (8 125m) im Himalayagebirge. Er musste in fast 8 000 m Höhe biwakieren und traf nach 41 Stunden im Zustand äußerster Erschöpfung und extrem dehydriert im Basislager ein. Zwei Zehen konnten nicht mehr vor dem Erfrieren gerettet werden. Ohne die mehrmalige Einnahme von Pervitin hätte er die Strapazen kaum überstanden. Vier Jahre später bestieg er wieder als Erster einen Achttausender (4).

Abbildung 13
(Quelle: dpa Picture-Alliance)

e) Der Boxer **Joseph „Jupp" Elze**, 28, wachte nach einem K. o. im Ring nicht mehr auf. 1968 hatte Elze den zweiten Versuch unternommen, Europameister im Mittelgewicht zu werden. Nach 15 Runden wurde er hart am Hinterkopf getroffen, er taumelte durch den Ring und sackte bewusstlos zusammen. Aus dem Koma erwachte Elze nicht mehr. Bei der Obduktion stellte sich heraus, dass er verschiedene Substanzen eingenommen hatte. Darunter das Aufputschmittel Pervitin. Ohne Doping hätte er die schweren Treffer, allein über 150 am Kopf, kaum aushalten können. Elze wurde Deutschlands erstes bekanntes Dopingopfer. Die taz titelte dazu am 9.6.2008 „Fontänen aus Schweiß und Blut". Die Reporter fragten sich, warum niemand den Kampf abgebrochen hatte (5).

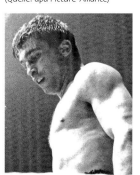

Abbildung 14
(Quelle: dpa Picture-Alliance)

f) Der Bundestagsabgeordnete **Michael Hartmann** gab zu, dass er 2013 die verbotene Designerdroge Crystal Meth genommen hat. Er hatte gehofft, nach dem Drogenkonsum leistungsfähiger zu sein. „Meine Sucht ist Arbeitssucht gewesen. Ich war durch und habe mir das nicht eingestanden". (6) Er musste sein Amt niederlegen.

(4)   vgl. Herrlingkoffer, Karl M.: Nanga Parbat 1953. neues leben, Berlin 1954, S. 182–195
(5)   vgl. Der Spiegel. Nr. 12/1969, S. 116–118
(6)   vgl. Der Spiegel, Heft 42/2014, S. 34

Versuche mit Pervitin in der Zeit des Nationalsozialismus

Thema:

Versuche mit der Droge Pervitin in der deutschen Wehrmacht und in Konzentrationslagern

Intention:

Die Überschreitung ethischer Grenzen bei den NS-Drogenversuchen erkennen sowie die ethischen Maßstäbe des Nürnberger Kodex für die medizinische Erprobung von Medikamenten/Drogen am Menschen kennenlernen, diskutieren und kritisch bewerten.

Fachbezug:

Geschichte, Politik-/Sozialwissenschaften, Ethik/Religion

Materialien/Medien:

☐ Materialbogen M 9.1: Versuche der Wehrmacht mit Pervitin
☐ Materialbogen M 9.2: Menschenversuche mit Pervitin in Konzentrationslagern
☐ Materialbogen M 9.3: Der Nürnberger Ärzteprozess
☐ für die Recherche: 3sat Mediathek, Scobel/Drogen im Krieg unter: http://www.zdf.de/ZDFmediathek/beitrag/video/1633778/Drogen-im-Krieg#/beitrag/video/1633778/Drogen-im-Krieg. Letzter Zugriff am: 15.02.2015
☐ für die Internetrecherche: Computer mit Internetzugang, Tablets, Smartphones
☐ für die Präsentation von Arbeitsergebnissen/Recherchen: interaktives Whiteboard/Beamer/Overheadprojektor
☐ für Poster/Collagen: DIN A2-Kartons, Filzschreiber, Klebstoff, farbiges Papier, Scheren

Bezug zu Bausteinen dieses Heftes:

Baustein 8, Baustein 10

Bezug zu Bausteinen (B) des Themenheftes „Arzneimittel":

kein Bezug

Zur Nutzung von Baustein 9

1. Handlungsziel

Ausgangspunkt der umfangreichen Pervitinversuche in der deutschen Wehrmacht – und mit fortschreitendem Krieg auch in deutschen Konzentrationslagern – war die totale Mobilmachung aller militärischen Ressourcen Hitlerdeutschlands. Um die expansiven Kriegspläne zu realisieren, die nicht weniger als die Unterwerfung aller nicht mit Deutschland verbündeten europäischen Völker vorsahen, sollten die deutschen Soldaten zu wahren „Übermenschen" werden – leistungsfähiger, reaktionsschneller und leidensfähiger als alle anderen Armeen. In der Terminologie der NSDAP hieß das beispielsweise, der deutsche Soldat sei „hart wie Kruppstahl, zäh wie Leder und flink wie ein Windhund". Vor diesem Hintergrund kann die Lerngruppe

- sich die Ziele der Pervitintests in der Wehrmacht und in den Konzentrationslagern erarbeiten,

- die menschenunwürdigen/-verachtenden Rahmenbedingungen dieser Versuchsreihen erkennen und aus ethischer Sicht beurteilen,

- die Unterschiede zwischen den Pervitinversuchen in der Wehrmacht und in den Konzentrationslagern kritisch werten sowie

- die Versuchsbedingungen mit Verhaltensregeln für medizinische Versuche vergleichen, wie sie der Nürnberger Kodex und die daraus weiterentwickelte Deklaration von Helsinki verlangen.

2. Handlungslinie

1. An den Vorkenntnissen der Schülerinnen und Schüler über die Zeit des Nationalsozialismus in Deutschland anknüpfend wird das Unterrichtsthema eingeführt: „Analyse und Bewertung der Versuche mit Pervitin in der nationalsozialistischen Zeit".

Materialbogen M 9.1/1 und M 9.1/2 werden verteilt, und die nachfolgenden Aufgaben 1–3 werden arbeitsgleich/arbeitsteilig möglichst in Partner-/Gruppenarbeit gelöst.

Aufgabe 1

Aufgabe 1 thematisiert hauptsächlich ethische Probleme der Nutzung von Drogen zu Testzwecken, die physische und psychische Schäden verursachen können.

Vorschlag für die Aufgabenstellung:

Obwohl den verantwortlichen Wehrmachtsangehörigen (Ärzten, Offizieren etc.) die schädlichen und suchtfördernden Wirkungen von Pervitin bekannt waren, wurden trotzdem systematisch Experimente mit unterschiedlichen Pervitindosierungen durchgeführt.

Wie steht ihr dazu? Formuliert eure Empfindungen/Gedanken/Überlegungen und ordnet sie in einer Pro- und Contra-Darstellung.

Beispiele für die Bearbeitung von Aufgabe 1:

Pro	Contra
Die paar schädlichen Nebenwirkungen sind doch nichts im Vergleich zum Risiko, erschossen zu werden.	Sie sind bestimmt gezwungen worden.
Ist doch klar, dass die Soldaten leistungsfähiger werden müssen.	Man hat ihnen nicht einmal Schadensersatz angeboten.
Soldaten müssen sich sowas gefallen lassen, sie müssen Befehlen gehorchen.	So etwas darf nie wieder passieren!
Die Offiziere werden schon gewusst haben, was sie tun.	So etwas ist menschenunwürdig.
Sie hätten sich ja weigern können. (....)	Ich würde mich weigern.

Aufgabe 2

Bei Aufgabe 2 geht es darum, die Interessen der Wehrmacht an den wirkungsvollsten Dosierungen für den Pervitineinsatz deutlich zu machen. Dabei ließen sich auch ausgewählte Materialbogen des Bausteins 7 nutzen, um das Wirkungsspektrum von Pervitin sichtbar zu machen. Schon vor Beginn des Plenums wäre den einzelnen Gruppen gegebenenfalls zu verdeutlichen, dass von den Verantwortlichen Schädigungen der Soldaten in Kauf genommen wurden.

Vorschlag für die Aufgabenstellung:

Offensichtlich hatte die Wehrmachtsführung großes Interesse daran, Pervitin einzusetzen. Welche Ziele verfolgte die Wehrmacht mit diesen Versuchen?

Notiert dazu eure Überlegungen!

Beispiel für die schriftliche Bearbeitung von Aufgabe 2:

☐ Ausdauer der Soldaten vergrößern
☐ Angst nehmen
☐ Durchhaltewillen stärken,
☐ Motivation steigern,
☐ Schmerzempfinden herabsenken, Kampfkraft steigern
☐ ...

Aufgabe 3

Vorschlag für die Aufgabenstellung:

Im Zweiten Weltkrieg wurde Pervitin auf zweierlei Weise eingesetzt. Zum einen gab es Soldaten, die sich selber Pervitin besorgt haben. Zum anderen wurde es von der Wehrmachtsführung zur Verfügung gestellt und verteilt.

Worin bestehen Eurer Meinung nach die Unterschiede?

Beispiel für die Bearbeitung der Aufgabe in Form einer Übersicht:

Freiwillige Entscheidung:	Befehl/unfreiwillige Entscheidung
Eigenverantwortliche Entscheidung für das Risiko	Ablehnung kaum möglich
Hilft womöglich die Kriegserlebnisse zu verarbeiten	Zwang, Druckausübung
Information über die Droge muss selber beschafft werden	Versuchskontrolle, Missbrauchsgefahr eventuell geringer
	Erwartung größerer Leistungsfähigkeit

Aufgabe 3 geht über die Beurteilung der Versuche hinaus. Im anschließenden Plenum lassen sich die Arbeitsergebnisse in einer Tabelle festhalten (s. oben). In diesem Kontext sollte auch deutlich werden, welche politische, moralische Rücksichtslosigkeit und strukturelle Gewalt darin liegt, wenn eine so mächtige staatliche Organisation auch nur mit dem Gedanken spielt, derartige Mittel einzusetzen und dafür alle Vorbereitungen trifft.

2. Bei der Nutzung des Materialbogens M 9.2: „Menschenversuche mit Pervitin in Konzentrationslagern" wird vorausgesetzt, dass sich die Lehr-/Lerngruppe bereits intensiv mit der Geschichte, Bedeutung und Funktion der Konzentrationslager im NS-Reich auseinandergesetzt hat und dass auch auf die verbrecherische Rolle der Lagerärzte in den Konzentrationslagern eingegangen wurde (wie etwa bei der „Selektion" oder bei medizinischen „Experimenten"). In Bezug auf den letzten Aspekt, ließe sich dann Materialbogen M 9.2 sinnvoll einbeziehen, indem der Text zunächst gemeinsam gelesen wird und die Vorschläge für die Aufgaben 4 und 5 individuell bearbeitet werden.

Aufgabe 4

Vorschlag für die Aufgabenstellung:

Wie bewertest du die folgende Aussage, die sich auf den Text des Materialbogens M 9.2 bezieht?

Die sogenannten Experimente oder Tests, die in den Konzentrationslagern von Ärzten oder ihren Helfern zur Erprobung von Pervitin oder anderen Mitteln durchgeführt wurden, waren systematische, grausame Folterexzesse.

Beispiel für die Bearbeitung von Aufgabe 4:

- ☐ Die Testpersonen wurden gezwungen
- ☐ Sie wurden nicht informiert oder vorbereitet
- ☐ Sie wurden zusätzlich gequält
- ☐ Ihre sichtbaren Leiden wurden dokumentiert, aber nicht gelindert
- ☐ Ihr Tod wurde zum Teil bewusst herbeigeführt
- ☐ ...

Aufgabe 5

Vorschlag für die Aufgabenstellung:

Sogenannte Experimente mit Pervitin wurden in den 1930er bis 1940er Jahren sowohl von der Wehrmacht (Materialbogen M 9.1) als auch in den Konzentrationslagern durchgeführt (Materialbogen M 9.2).

Arbeite die Unterschiede heraus.

Beispiel für die Bearbeitung von Aufgabe 5:

- ☐ Bei den von der Wehrmacht durchgeführten Versuchen wurde versucht – soweit bekannt –, anhaltende körperliche Schäden der Testpersonen zu vermeiden und ggf. auch Tests abzubrechen. (....)
- ☐ Bei den KZ-Opfern endeten die Tests häufig erst mit der völligen Arbeitsunfähigkeit oder dem Tod.

3. Mithilfe von Materialbogen M 9.3 werden die zuvor untersuchten und diskutierten Pervitinversuche noch einmal an Hand der relativ präzisen Kriterien des Nürnberger Kodex beurteilt. Dabei sollten die Grundsätze Punkt für Punkt besprochen und anschließend mit den Versuchsbedingungen verglichen werden.

Als Haus- und Transferaufgabe könnten dann die weiterentwickelten Kriterien der Helsinkideklaration zum Vergleich herangezogen werden. In einer anschließenden Stunde sollte dann als Transferaufgabe eine Diskussion vorbereitet werden, die die Bedeutung von eindeutigen Richtlinien für pharmazeutische Tests an Patienten herausarbeitet.

Aufgabe 6

Nach den Nürnberger Prozessen wurde ein Nürnberger Kodex entwickelt.

Welche Grundsätze dieses Nürnberger Kodex wurden in den Pervitin-Versuchen verletzt? Stelle deine Ergebnisse im Plenum vor.

Aufgabe 7

Mit den ethischen Grundsätzen, wie sie im Nürnberger Kodex oder in der Deklaration von Helsinki formuliert sind, werden bestimmte Ziele verfolgt.
- ☐ Was soll damit erreicht werden?
- ☐ Wie wirksam sind solche Grundsätze und ethischen Regeln aus deiner Sicht?

Nimm schriftlich Stellung zu den Fragen.

Beispiele für die Bearbeitung von Aufgabe 7:

- ☐ Verbindliche Grenzen festlegen,
- ☐ Öffentlichkeit herstellen,
- ☐ Inhalte für Ärzteausbildung festlegen.
- ☐ Wirksamkeit hängt von der Kontrolle ab,
- ☐ schränkt ärztliche Freiheit ein,
- ☐ zu wenig Menschen für Kontrollen,
- ☐ lähmen eventuell die Eigeninitiative
- ☐ …

Versuche der Wehrmacht mit Pervitin

Schon kurz nach seinem Machtantritt 1933 eröffnete der Reichskanzler Adolf Hitler den Generälen der Wehrmacht und den Vertretern der Industrie seine Pläne für ein gigantisches militärisches Aufrüstungsprogramm. Forschung und Entwicklung, die einen militärischen Nutzen versprachen, bekamen in den folgenden Jahren oberste Priorität. Im Jahr 1938 brachten die Temmler-Werke ihr neues Mittel Pervitin auf den Markt, das sofort die Aufmerksamkeit von Wissenschaft und Militär erregte. Den Anstoß gab vermutlich eine Veröffentlichung der „Deutschen Gesellschaft für Kreislaufforschung", die beschrieb, dass nach der Einnahme des Mittels Müdigkeit und Schlafbedürfnis verschwinden und dieser Zustand über Stunden anhalten würde (1).

Abbildung 15 (Quelle: Landesarchiv Berlin, Werbedrucksache der Temmler-Werke)

Wenn sich diese berichteten Wirkungen bestätigen ließen und auch keine Nebenwirkungen auftreten würden, wäre Pervitin das ideale Mittel für jede der drei Waffengattungen: Heer, Luftwaffe und Marine. Ausdauer ohne Ende, davon träumten nicht nur die Vorgesetzen, sondern auch die Soldaten. Aber es fehlte noch an umfassenden Tests und Erfahrungen. Im Institut für Allgemeine und Wehrphysiologie startete der Wehrphysiologe und Oberfeldarzt Otto Ranke 1938 an 90 Offiziersanwärtern der militärischen Akademie einen Pervitin-Versuch. Man wollte die ideale Dosierung herausfinden, um die Müdigkeit der Truppe hinauszuzögern. Den Anwärtern wurden im Abstand von drei Stunden je zwei Tabletten gegeben. Ein Jahr später – 1939 – wurde mit 150 Offiziersanwärtern eine zweite Versuchsreihe gestartet. Diesmal verteilte man neben Pervitin auch andere bekanntere Aufputschmittel wie Benzedrin, Coffein und auch Placebos. In einer weiteren Testreihe im selben Jahr zeigte sich unter Medizinstudenten, dass alle an dem Versuch Beteiligten trotz geringer Schlafzeiten plötzlich zu enormen Leistungen fähig waren (2). Aber dies waren Ergebnisse unter Testbedingungen. Über die Wirkungen und möglichen Schäden an den Soldaten in Kriegssituationen gab es keine nennenswerten Erfahrungen. Auf der Suche nach der effektivsten Dosierung wurde Pervitin auf Befehl an Soldaten aller Waffengattungen ausprobiert: an Panzer- und Lastkraftfahrern, Piloten, Infanteristen, Wachsoldaten und sogar an Kindersoldaten.

Ein besonderes Augenmerk der Testreihen galt den Einsatzkommandos, die im Kriegsfall unter besonderen physischen und psychischen Belastungen stehen würden. Dazu gehörten die jeweils Ein- oder Zwei-Mann Besatzung einer Entwicklungsreihe von Kleinst-U-Booten oder bemannter Torpedos (s. Abbildung auf M 9.1/2). So war z. B. das Zwei-Mann-U-Boot vom Typ „Seehund" aufgrund der schmalen Silhouette und der leisen E-Maschinen mit den damaligen Ortungsgeräten nur schwer zu entdecken.

Materialbogen 9.1/2

Versuche der Wehrmacht mit Pervitin

Für die jeweils bis zu vier Tage dauernden Einsätze sollte eine besonders wirksame „pharmakologische" Unterstützung bereitgestellt werden. Dabei beschränkte man sich aber von vornherein nicht nur auf Pervitin, sondern entwickelte unter dem Projektnamen D-IX einen wahren Drogen-Cocktail, der als Wirkstoffe 5 mg Kokain, 3 mg Pervitin, 5 mg Eukodal (ein schmerzstillendes Morphinpräparat) sowie synthetisches Kokain der Firma Merck

Abbildung 17
(Quelle: ullstein bild – Süddeutsche Zeitung Photo/Scherl)

enthielt. Die Besatzungen hatten eigentlich keine Wahl. Auf Befehl mussten zunächst die Besatzungsmitglieder der Kleinst-U-Boote der Typen „Seehund" und „Biber" nach Einnahme dieses Mittels ununterbrochen Einsätze in der Kieler Bucht fahren (3).

Mit dem Überfall der deutschen Wehrmacht 1939 auf Polen begann Deutschland den Zweiten Weltkrieg und startete gleichzeitig auch den vermutlich größten Feldversuch aller Zeiten mit Pervitin. Rechtzeitig vor Kriegsbeginn hatte der Heeressanitätsinspekteur das Mittel Pervitin als planmäßiges Arzneimittel bei der Wehrmacht eingeführt, und die Temmler-Werke lieferten. Krieg und Drogen gingen hier eine unheilvolle Symbiose ein, sie passten zusammen wie Kimme und Korn (4).

Die Tests und Ergebnisdokumentationen wurden weiter fortgesetzt, jetzt unter realen Kriegsbedingungen. Die Anforderungen an die einzelnen Waffengattungen waren völlig unterschiedlich. Das galt für die positiven, wie auch die negativen Erfahrungen mit dem Mittel. 1944, als sich das Kriegsende bereits abzeichnete, gab das Oberkommando der Wehrmacht eine Weisung (OKW 829/44 Geh.), die alle bisherigen Dosierungen und Einsätze von Drogen, also auch von Pervitin, hinwegfegte. „Die Lage zwingt dazu, jeden waffenfähigen Mann zum Kampfeinsatz zu bringen. (...) Verlangt wird die erforderliche Härte und Festigkeit. Überbelastungen und Verluste sind möglich. Sie können das ärztliche Gewissen nicht belasten, die Lage fordert jeden Einsatz" (5).

Bis 1944 wurden insgesamt 199 wissenschaftliche Publikationen über Pervitin veröffentlicht. Ein großer Erfahrungsschatz, der auch die Begehrlichkeiten der alliierten Sieger weckte. Es ist kein Geheimnis, dass auch ihre Armeen mit Drogen und Aufputschmitteln versorgt wurden und auch sie führten die Forschungen über geeignete Drogen für Soldaten nach Kriegsende weiter, auch mit deutschem Know-how und deutschen KZ-Ärzten (6).

Anmerkungen und Literatur

(1) Holzer, T.: Die Geburt der Drogenpolitik aus dem Geist der Rassenhygiene. Norderstedt 2007, S. 219; vgl auch: Das Militärhistorische Museum der Bundeswehr. Ausstellungsführer, herausgegeben von Rieken, G. und Rogg, M.: Dresden 2011, S. 108

(2) vgl. Kemper, W.-R.: Pervitin – Die Endsieg-Droge? In: Pieper, W. (Hg.): Nazis on Speed. Drogen im 3. Reich. 2 Bände. Band I, Löhrbach 2009, S. 126

(3) vgl. Nöldecke, H.: Einsatz von leistungssteigernden Medikamenten bei Heer und Kriegsmarine. In Pieper, a.a.O., S. 137 Die Abbildung zeigt eine Aufnahme des bemannten Torpedos „Neger".

(4) vgl. Holzer, a.a.O., S. 232

(5) vgl. Pieper, a.a.O., S. 13

(6) vgl. dazu die 3sat Mediathek, „Scobel/Drogen im Krieg", im Internet unter: http://www.zdf.de/ZDFmediathek/beitrag/video/1633778/Drogen-im-Krieg#/beitrag/video/1633778/Drogen-im-Krieg. Letzter Zugriff am 15.02.2015

Menschenversuche mit Pervitin in Konzentrationslagern

Die Ergebnisse der Pervitin-Versuche und des Pervitin-Einsatzes in der Wehrmacht waren insgesamt überzeugend, aber die Tests hatten ihre Grenzen, da die dauerhafte Kampfbereitschaft der Soldaten oberstes Gebot war. Es fehlten Ergebnisse darüber, wieviel Pervitin den Soldaten im Extremfall zuzumuten war z. B. über die Höchstbelastungsgrenzen bei Gewaltmärschen, den tagelangen Einsatz in kleinen U-Booten oder bei Fallschirmsprüngen. So wurden auf Betreiben der Wehrmacht Tests an Versuchspersonen beantragt und genehmigt. Dafür mussten Gefangene des Konzentrationslagers Sachsenhausen herhalten, die ab November 1943 für dieses Experiment eingesetzt wurden. Zwei Gruppen von Gefangenen mussten unter Pervitin- und Kokaineinfluss mit vollem Gepäck an mehreren Tagen jeweils bis zu 90 Kilometer gehen. Dabei wurden ihnen pro Tag nur 2–3 Ruhestunden genehmigt. Laut ärztlichem Kriegs-Tagebuch war die Verringerung des Schlafes eindrucksvoll: „Bei dieser Arzneiwirkung sind Veranlagung und Wille weitgehend ausgeschaltet" (1).

Um die Auftraggeber zufriedenzustellen, wurden Versuche mit Gefangenen in allen Varianten durchgeführt. Eine Gruppe musste jeden Tag um die gleiche Zeit Mischungen aus 3 mg Pervitin mit 5 mg Kokain und 5 mg Eukodal schlucken und dann mit vollem Marschgepäck laufen, bis sie zusammenbrachen. Bei einem anderen Versuch mussten die wehrlosen Häftlinge das Mittel um 19:30 Uhr einnehmen, durften danach 4 Tage lang nicht schlafen und wurden jeden Tag hohen Belastungen ausgesetzt (2).

Abbildung 16 (Quelle: ullstein bild – Bladt)

Im selben KZ musste gleichzeitig ein sogenanntes „Schuhläuferkommando" im Auftrag der deutschen Schuh- und Leder-Ersatzstoffindustrie bis zu 40 km am Tag in Testschuhen über eine Schuhprüfstrecke laufen (s. Abbildung). Dafür wurde extra eine 700 m lange Straße angelegt, die abwechselnd mit Split, Schotter, Lehm, Schlacke und anderen Straßenbelägen ausgelegt war. Das Schuhwerk wurde den Häftlingen oft wahllos zugeteilt oder bewusst zu eng vergeben. Wie die Ergebnisse zustande kamen, war für die Auftraggeber Nebensache. Den Unternehmen ging es nur darum, die Eignung synthetischer Ersatzstoffe in der Schuhproduktion testen zu lassen (3).

MATERIALBOGEN

Menschenversuche mit Pervitin in Konzentrationslagern

Die systematischen „Versuche" mit Drogen, einschließlich Pervitin in den KZs, waren keine Ausnahmen, sondern die Regel. Dabei ging es häufig darum, was der menschliche Körper aushalten kann – der Tod wurde in Kauf genommen oder bewusst geplant. So berichtete z. B. Kurt Gerstein, dass er in den Konzentrationslagern „Versuche" an lebenden Menschen gesehen hat, die erst dann endeten, als die Häftlinge starben. Darunter auch Experimente im Frauenkonzentrationslager Ravensbrück. Über das KZ Buchenwald berichtet er, dass dort in „Versuchen" 100 Tabletten Pervitin pro Tag eingenommen werden mussten (4).

Nahezu in allen dokumentierten Fällen führten Ärzte solche „Versuche" aus, die der Wehrmacht, der SS oder zivilen Forschungseinrichtungen angehörten. Da die SS als Lagerleitung immer beteiligt war, ermittelte man auch einen Hauptverantwortlichen: Dr. Joachim Mrugowsky, den obersten Hygieniker. Er war in alle Versuche eingeweiht und oft genug auch verwickelt. Nach dem Zusammenbruch des NS Regimes wurde er am 2. Juni 1948 hingerichtet (5).

Anmerkungen und Literatur

(1) vgl. Kemper, W.-R.: Pervitin – Die Endsieg-Droge? In: Pieper, W.: (Hrsg.): Nazis on Speed. Drogen im 3. Reich. 2 Bände. Band I, Löhrbach 2009, S. 122 ff.

(2) vgl. dazu den Dokumentarfilm „Schlaflos im Krieg. Die pharmazeutische Waffe" (von Minute 24:40 bis Minute 31:00). Im Internet abrufbar unter: https://www.youtube.com/watch?v=pv_gYslczFw. Letzter Zugriff am 07.10.2015; vgl. dazu auch das Zeitzeugengespräch mit Peter Josef Snep im Internet unter: http://www.landesarchiv-bw.de/web/55724/. Letzter Zugriff am 07.10.2015

(3) vgl. dazu Über die Drogenversuche in Dachau und Auschwitz bis zum CIA & MK ULTRA. In: Pieper, a.a.O., Band II (2009) , S. 284 ff.

(4) vgl. Pieper 2009, a.a.O., Band II (2009), S. 287

(5) vgl. dazu Pieper 2009, a.a.O., Band II (2009), S. 293

Der Nürnberger Ärzteprozess

Am 19./20. August 1947 wurde der sogenannte Ärzteprozess beendet. Bei diesem Verfahren im Rahmen der Nürnberger Prozesse über Verbrechen der Nationalsozialisten standen 20 KZ-Ärzte, ein Jurist und zwei Verwaltungsfachleute als Organisatoren von Medizinverbrechen vor Gericht. Dieser Ärzteprozess betraf vor allem Experimente mit KZ-Gefangenen sowie Euthanasiemorde. Durchgeführt wurden sie zum Teil mit wissenschaftlicher Methodik oder zumindest wissenschaftlicher Bemäntelung, immer aber ohne Rücksicht auf Leben und Gesundheit der unfreiwilligen Probanden (1). Der Prozess endete mit sieben Todesurteilen, fünf Verurteilungen zu lebenslänglicher und vier zu langjähriger Haft sowie sieben Freisprüchen.

Das amerikanische Militärtribunal führte in seinem Urteil über deutsche Ärzte unter dem Abschnitt „Erlaubte medizinische Experimente" zehn Punkte auf, die später als der „Nürnberger Kodex" bezeichnet wurden.

Zum Nürnberger Kodex

Einige der im Nürnberger Kodex genannten zentralen Grundsätze sind (2):

☐ Maßgeblich für die medizinische Forschung ist der Nutzen für den Patienten.

☐ Jeder Patient/Proband muss vom beteiligten Arzt umfassend aufgeklärt werden.

☐ Es darf keine unnötige oder gar willkürliche Forschung am Menschen geben.

☐ Jeder Patient/Proband muss seine freiwillige Zustimmung geben.

☐ Die Versuchsperson muss jederzeit die Möglichkeit haben den Versuch vorzeitig zu beenden.

☐ Es müssen Ergebnisse für das Wohl der Gesellschaft erwartet werden.

☐ Es sind ausreichende Vorkehrungen zu treffen, um die Versuchspersonen vor der geringsten Möglichkeit einer Verletzung, bleibenden gesundheitlichen Schäden oder des Todes zu schützen.

☐ (…)

Anmerkungen und Literatur

(1) Benzenhöfer, U.: Nürnberger Ärzteprozess: Die Auswahl der Angeklagten. Im Internet unter: http://www.aerzteblatt.de/archiv/3799. Letzter Zugriff am 15.02.2015

(2) Die zehn Punkte des Nürnberger Kodex finden sich im vollen Wortlaut bei Wikipedia im Internet unter dem Suchbegriff Nürnberger Kodex: http://de.wikipedia.org/wiki/N%C3%BCrnberger_Kodex#Die_zehn_Punkte_des_N.C3.BCrnberger_Kodex_1947 . Letzter Zugriff am 15.02.2015 vgl. auch Klinkhammer, G.: Ethische Kodizes in Medizin und Biotechnologie: Schutz vor ärztlichen Verfehlungen. In: Deutsches Ärzteblatt vom 31. Oktober 1997. Im Internet unter: http://www.aerzteblatt.de/archiv/8323. Letzter Zugriff am 15.02.2015

Die Deklaration von Helsinki

Auf der Generalversammlung des Weltärztebundes 1964 wurde die Deklaration von Helsinki ins Leben gerufen, die seitdem kontinuierlich bearbeitet und erweitert wird. Sie enthält ethische Richtlinien der medizinischen Forschung am Menschen. Dabei ging man zwar von den Regeln des Nürnberger Kodex aus, veränderte ihn aber in einigen wesentlichen Punkten. Über die Einschätzung dieser Veränderungen, in der es vor allem um die Erleichterung zugunsten der Forschung geht, gehen die wissenschaftlichen und politischen Meinungen auseinander.

Im Wesentlichen enthält die Deklaration von Helsinki folgende Punkte (1):

☐ Erfordernis einer Einwilligungserklärung,

☐ Schutz der nicht einwilligungsfähigen Patienten,

☐ Verpflichtung der Genehmigung eines Forschungsvorhabens durch eine unabhängige Ethikkommission,

☐ Vorrang des Wohlergehens der Versuchsperson vor Interessen der Wissenschaft,

☐ Nichtveröffentlichung von Forschungsergebnissen aus unethischen Versuchen.

Anmerkungen und Literatur

(1) Die „WMA Deklaration von Helsinki – Ethische Grundsätze für die medizinische Forschung am Menschen" wurde mehrfach revidiert. Die letzte Version vom Oktober 2013 findet sich in der deutschen Übersetzung mit vollem Wortlaut im Internet unter: http://www.bundesaerztekammer.de/downloads/DeklHelsinki2013.pdf. Letzter Zugriff am 15.02.2015

Zur Drogenpolitik im Nationalsozialismus

Thema:

Die Doppelmoral der nationalsozialistischen Drogenpolitik

Intention:

Die Widersprüche zwischen der restriktiven NS-Drogenpolitik für die Zivilbevölkerung und der gleichzeitigen Pervitinausgabe für die Wehrmachtssoldaten herausarbeiten sowie die Auflösung von Wertemaßstäben in totalitären Regimes und
bei Einzelpersonen erkennen.

Fachbezug:

Geschichte, Politik-/Sozialwissenschaften, Ethik/Religion, Biologie

Materialien/Medien:

- ☐ Materialbogen M 10.1: Die nationalsozialistische Drogenpolitik
- ☐ Materialbogen M 10.2: Pervitin – Eine Droge für die Wehrmacht
- ☐ für die Recherche: 3sat Mediathek, Scobel/Drogen im Krieg, im Internet unter:
  http://www.zdf.de/ZDFmediathek/beitrag/video/1633778/Drogen-im-Krieg#/
  beitrag/video/1633778/Drogen-im-Krieg. Letzter Zugriff am 15.02.2015
- ☐ für die Internetrecherche: Computer mit Internetzugang, Tablets, Smartphones
- ☐ für die Präsentation von Arbeitsergebnissen/Recherchen:
  interaktives Whiteboard/Beamer/Overheadprojektor
- ☐ für Wandzeitungen/Poster/Collagen: DIN A2-Kartons, Filzschreiber, Klebstoff,
  farbiges Papier, Scheren

Bezug zu Bausteinen dieses Heftes:

Baustein 7, Baustein 8, Baustein 9

Bezug zu Bausteinen (B) des Themenheftes „Arzneimittel":

kein Bezug

Zur Nutzung von Baustein 10

1. Handlungsziel

Die nationalsozialistische Anti-Drogen Propaganda verkündete, dass man bereit
war mit aller Härte gegen Süchtige, Suchtgefahren und Suchtmittel vorzugehen,
weil sie die Gesundheit und die Wehrhaftigkeit des deutschen Volkes nachhaltig schädigen würden. Aber im Hinblick auf die Droge Pervitin fallen erhebliche
Widersprüche auf. So zeigen die Zahlen während der NS-Zeit zwar den niedrigs-
ten Drogenkonsum seit Ende des Ersten Weltkrieges auf. Doch mit Beginn des
Zweiten Weltkrieges stieg der Konsum von Pervitin in der Wehrmacht deutlich an
und auch in der Zivilbevölkerung ging er keineswegs so weit zurück, wie man es
von einer repressiven Drogenpolitik erwarten würde. Tendenziell wurde in dieser
historischen Situation die rassistische Ideologie der Rassenhygiene zugunsten der
konkurrierenden Idee der Leistungssteigerung verdrängt.

Bezogen auf diesen ideengeschichtlichen Hintergrund lassen sich folgende Unterrichtsziele anstreben: Die Schülerinnen und Schüler

☐ lernen das rassenhygienische Konzept der NS-Drogenpolitik kennen und setzen sich kritisch damit auseinander,

☐ arbeiten die Widersprüche zwischen der Theorie und der Praxis der nationalsozialistischen Drogenpolitik heraus und beziehen dabei auch relevantes Datenmaterial mit ein und

☐ können die ungleiche Behandlung einzelner gesellschaftlicher Gruppen im Rahmen der NS-Drogenpolitik erkennen.

2. Handlungslinie

1. *Vorbemerkung: Die Auseinandersetzung mit dem Thema setzt Kenntnisse der NS-Rassenlehre voraus. So ist es bedeutsam für den folgenden Arbeitszusammenhang, die beiden Eckpfeiler dieser pseudowissenschaftlichen Lehre zu kennen: die Rassentheorie und die Rassenhygiene. Die Lerngruppe muss wissen, dass Rassenhygiene (Rassenpflege) dazu dienen sollte, „die Reinheit und Qualität der arischen Rasse" zu erhalten. Und dass der Rassenwahn der Nationalsozialisten nicht nur den Juden galt, sondern sich auch auf Kranke und Menschen mit Behinderungen bezog. Empfehlenswert wäre es, wenn die Gruppe mithilfe eines Schülerreferats in diesen ideengeschichtlichen Zusammenhang eingeführt würde.*

Nach einer entsprechenden Einführung durch die Lehrperson erhalten alle Schülerinnen und Schüler die beiden Materialbogen M 10.1 und M 10.2. Zur arbeitsgleichen/arbeitsteiligen Auseinandersetzung mit den Texten werden mehrere Arbeitsgruppen gebildet, denen die nachfolgenden Aufgaben gestellt werden sollten. In diesem Zusammenhang empfiehlt sich auch die Internetrecherche. Für alle Gruppen gilt es, die Arbeitsergebnisse in Form von Wandzeitungen/Plakaten/Übersichten darzustellen.

Aufgabe 1 (zu M 10.1):

Vorschlag für die Aufgabenstellung:

> Die nationalsozialistische Drogenpolitik führte kurz nach der Machtübernahme 1933 zu einer radikalen Neuausrichtung des Umgangs mit Drogen und Drogenabhängigen.

> Erarbeitet die Ziele und die Maßnahmen dieser neuen Drogenpolitik. Versucht bei den Maßnahmen – wenn möglich – zwischen gesetzlichen und organisatorischen Maßnahmen zu unterscheiden.

Beispiel für die Bearbeitung von Aufgabe 1:

Ziele (verankert in der NS-Ideologie)

Verbesserung der Volksgesundheit, der Wehrhaftigkeit,
der völkischen Erbmasse

Maßnahmen (organisatorisch)

Propagandafeldzüge, Früherfassung aller Drogenkonsumenten, Ermittlung und
Heilung der „wertvollen" Volksgenossen, „asozial" oder „erbbiologisch auffällig"
angesehene Drogenabhängige wurden in KZ interniert bzw. umgebracht, Gründung von
gesundheitsfürsorgerischen Organisationen, Schulungen der Ärzte und von anderen
Mitarbeitern des Gesundheitssystems

Maßnahmen (gesetzlich)

Opiumgesetz mit drakonischen Strafen,
Rezeptpflicht für Pervitin, Meldepflicht des Arztes

Aufgabe 2 (zu M 10.1)

Vorschlag für die Aufgabenstellung:

In der nationalsozialistischen Propaganda ging es vor allem um die
„Gesundheit der Volksgemeinschaft" und weniger um die Gesundheit
des Einzelnen.

Erläutert diese Unterscheidung.

Beispiel für die Bearbeitung von Aufgabe 2:

Der Begriff Volksgemeinschaft war ein zentraler Begriff der NS-Ideologie.
Der im Prinzip universell sinnvolle Gedanke vom gesellschaftlichen Nutzen
individueller Gesundheit wurde hier ins Extrem überhöht und damit auf
den Kopf gestellt. Der Einzelne verlor seine Rechte am eigenen Körper.
Letztlich gehörte er dem „Führer". Wichtig war Gesundheit nur noch,
wenn sie der Volksgemeinschaft und der Wehrhaftigkeit nutzte.

Aufgabe 3 (zu M 10.2)

Vorschlag für die Aufgabenstellung:

Nehmt Stellung zu der folgenden Aussage:

Der Einsatz von Pervitin in der Wehrmacht war völlig verantwortungslos und hat letztlich mehr geschadet als genutzt!

Beispiel für die Bearbeitung von Aufgabe 3:

Unser Ergebnis:
Der ganze Krieg war verantwortungslos und extrem „schädlich". Da spielte das Pervitin eine relativ geringe Rolle

Für diese Aussage spricht:
Soldaten haben z. B. falsch dosiert, wurden süchtig, Führung hat Soldaten noch stärker angetrieben

Gegen diese Aussage spricht:
das Mittel hat vielen Soldaten das Leben gerettet und ihnen die Strapazen erleichtert

Aufgabe 4 (zu M 10.2)

Vorschlag für die Aufgabenstellung:

Insgesamt wurden zwischen 1938 und 1945 von den Temmler-Werken ca. 304,74 kg Pervitin produziert. Rechnet man diese Menge um, dann kommt man auf ca. 101,58 Millionen Tabletten Pervitin zu ca. 3 mg Wirkstoff/Tablette (s. die Tabellen 1 und 2, auf M 10.2/2).

☐ Interpretiert die Entwicklung der Pervitin-Auslieferung in Zusammenhang mit dem Kriegsgeschehen.
☐ Entwerft eine aussagefähige Grafik mit einem Tabellenkalkulationsprogramm.
☐ Hat das „Opiumgesetz", das 1941 in Kraft trat, den zivilen Verbrauch von Pervitin erkennbar verändert?

Anmerkung zu Aufgabe 4:

Diese Aufgabe geht auf Produktion und Distribution von Pervitin in den Jahren 1938–1945 ein. In den beiden Tabellen, die auf Recherchen des Sozialwissenschaftlers und Drogenpolitikers Tilmann Holzer beruhen, wird eine Trennung zwischen zivilem und militärischem Bereich vorgenommen. Die erste Tabelle gibt Aufschluss über die Menge an produziertem Pervitin. Die zweite Tabelle zeigt den Wirkstoff umgerechnet in Tabletten à 0,003 g Pervitin. Die Zahlen können nur zur Veranschaulichung von Tendenzen dienen, denn nicht für alle Jahre und Bereiche liegen exakte Zahlen vor. Und auch von dem einzigen anderen deutschen Methylamphetaminhersteller, der Firma Knoll, sind keine Zahlen bekannt. Zudem ist unklar, in welchem Umfange sich Soldaten auch von ihren Angehörigen Pervitin schicken ließen (vgl. den „Fall Heinrich Böll", s. Materialbogen M 8).

Beispiel für die Bearbeitung von Aufgabe 4:

Eine Nation auf Droge!?

Seit 1938 wurde Pervitin in Deutschland in großen Mengen verbraucht, nicht nur vom Militär, sondern auch von der Zivilbevölkerung. Selbst das strenge Opiumgesetz von 1941 konnte offensichtlich nicht viel daran ändern!

Uns stellt sich die Frage: „Wie ist die Bevölkerung nach dem Krieg mit der Droge Pervitin umgegangen?"

Abbildung 17
(Quelle: ullstein bild – Süddeutsche Zeitung Photo/Scherl)

2. Die Arbeitsgruppen präsentieren in Form von Wandzeitungen/Plakaten ihre Arbeitsergebnisse in der Klassenöffentlichkeit. Nach Besichtigung der Gruppenarbeiten (Schaubilder, Grafiken oder Texte) kommen die Schülerinnen und Schüler im Plenum zusammen und diskutieren an ausgewählten Beispielen ihre Arbeitsergebnisse. Dabei sollte abschließend die Widersprüchlichkeit der NS-Drogenpolitik sichtbar gemacht werden. In diesem Zusammenhang wird auch das entsprechende Pro und Contra dokumentiert.

Pro	Contra
war konsequent:	war inkonsequent und verlogen:
Zivilisten = zukünftige Soldaten,	Droge Pervitin war für Zivilisten und Soldaten schädlich
sie sollten gesund bleiben	Schädigung der Soldaten wurde in Kauf genommen. Sie sollten im Krieg geopfert werden
Kampfbereitschaft der Soldaten sollte erhöht werden	

In Rahmen der Diskussion kann auch (weiterführend) ein Ausschnitt aus der 3sat-Fernsehproduktion „Drogen im Krieg" genutzt werden (von Minute 31:25 bis Minute 46:45).

In diesem Teil der Sendung wird von einer Expertenrunde aus rechtlicher, ethischer und medizinischer Sicht diskutiert, ob Drogen zur „Zukunft des Krieges" gehören.

Zur nationalsozialistischen Drogenpolitik

Nach der Ernennung Hitlers zum Reichskanzler im Jahr 1933 begannen die Nationalsozialisten sofort damit, alle staatlichen Organisationen umzubauen. Mit dieser sogenannten „Gleichschaltung" kam es zu einer Welle von Verboten, Verhaftungen und Verordnungen. Damit sollten alle der NS-Ideologie widersprechenden Personen und Gedanken kriminalisiert und ausgeschaltet und die Machtübernahme der NSDAP langfristig abgesichert werden. In dieser Strategie hatte auch die Anti-Drogen-Politik ihren festen Platz. Das NS-Regime startete 1933 landesweite Propagandafeldzüge, dazu gehörten Aufklärungs- und Verbotskampagnen und Werbeverbote, um jeglichen Rauschgiftkonsum, insbesondere den von Kokain, der Schickeriadroge der 1920er Jahre und Alkohol einzudämmen.

Der Betäubungsmittelkonsum galt von nun an als volksschädliches Laster. An die Stelle der relativ neutralen Bezeichnungen für Drogen aus der Zeit der Weimarer Republik traten jetzt Begriffe wie „Rauschmittel", „Suchtgifte" und „Rauschmittelkranke", die die Betroffenen als Außenseiter kennzeichneten. Sie sollten die ganze Verachtung der Gesellschaft bzw. des Volkes zu spüren bekommen. Der Missbrauch von Drogen wurde in der NS-Ideologie als rassehygienisches Problem angesehen: Wer Drogen nahm, der gefährdete den Fortbestand der arischen Rasse, indem er für minderwertiges Erbgut sorgte. So wurde unterschieden zwischen geschätzt 50 % erbbiologisch „minderwertigen" Drogenabhängigen und den „erblich Unbelasteten", bei denen sich eine Resozialisierung lohnen würde. Darüber hinaus sollten hochgradig Süchtige an der Fortpflanzung gehindert werden. Nach dem Gesetz zur Verhütung erbkranken Nachwuchses bedeutete dies in der Regel Sterilisation. Neben der rassehygienischen Begründung für das menschenverachtende Vorgehen wurde auch volkswirtschaftlich argumentiert. Wer drogenabhängig wurde, entzog dem Staat Arbeitskräfte und auch Soldaten und wurde somit als Volksschädling angesehen (1).

Um die Drogenpolitik dauerhaft zu verankern wurden eine Reihe von Gesetzen und Verordnungen erlassen. So zeigte das 1933 verschärfte Opiumgesetz schon sehr schnell, wie weit die neuen Machthaber gehen würden: als drastische Strafmaßnahme wurde auch die Einlieferung in ein Konzentrationslager eingeführt.

1934 entstand die Reichsarbeitsgemeinschaft für Rauschgiftbekämpfung. Ihre Aufgaben sind ein Musterbeispiel für die von Beginn an diskriminierenden Auswirkungen der völkischen Rassenideologie:

☐ Früherfassung aller Drogenkonsumenten unabhängig von der konsumierten Substanz (§13 der Reichsärzteordnung von 1935 schreibt die Meldepflicht für Drogenabhängige vor),

☐ Besserung, Betreuung bzw. Heilung des „wertvollen Volksgenossen",

☐ Eliminierung des „asozialen bzw. erbbiologisch auffälligen Suchtkranken",

☐ Propaganda, Prävention und Nachsorge (2).

Die ideologischen Grundlagen für die Kampagnen zur Rauschgiftbekämpfung wurden in Punkt 21 des nationalsozialistischen Parteiprogramms über die Hebung der Volksgesundheit formuliert und finden sich auch in der NS-Rassenlehre wieder.

Zur nationalsozialistischen Drogenpolitik

Die größte Gefahr des Drogenkonsums wurde nicht, wie man erwarten könnte, in der gesundheitlichen Schädigung des Einzelnen durch Genussgifte gesehen, sondern in der Entartung ursprünglich gesunden Erbgutes. Die Rassehygieniker entwickelten zum Teil apokalyptische Bedrohungsszenarien, in denen die Fortpflanzung von geschädigten Suchtkranken über die Zunahme von Erbkrankheiten zu einem langsamen Aussterben der arischen Rasse führen würde (3).

So rechnete ein wissenschaftlicher Referent im „Rassenpolitischen Amt der NSDAP" 1935 in der Zeitschrift „Der öffentliche Gesundheitsdienst" vor, welche Gefahren für das deutsche Volk allein im Alkoholkonsum liegen würden. Nach der Behauptung, dass die 200 000 Trinkerfamilien mit ca. 1,5 Mio. Nachkommen sich schneller fortpflanzen würden als der „erbgesunde" Teil des Volkes, gipfelte seine Abhandlung in der pauschalen Behauptung: „Ein Großteil davon ist schwachsinnig, andere besitzen verbrecherische Anlagen oder entwickeln sich anderweitig als asoziale Elemente." (4)

Ebenso wie die Drogenpolitik diente die NS-Medizin weniger dem Schutz und der Unversehrtheit des Individuums, als vielmehr der Durchsetzung und Erhaltung von NS-Leitbildern wie dem gesunden Volkskörper oder der sogenannten „gesunden völkischen Erbmasse". Für die Gesundheit der „Volksgenossen" standen körperliche Ertüchtigung und gesunde Ernährung auf dem Programm. Wer durch seine Gesundheit und seine Leistungsfähigkeit auffiel, der konnte damit rechnen, als Vorbild präsentiert zu werden.

„Eine unmittelbare Gefahr für die Volksgesundheit und Zukunft unseres Volkes" sah der damalige Reichsgesundheitsführer Leonardo Conti im Missbrauch des Methamphetaminpräparats Pervitin, und er forderte alle Angehörigen der Gesundheitsberufe auf, ihn im „Kampf für die Volksgesundheit" zu unterstützen. Im Juni 1941 unterstellte er dann das Pervitin dem strengen Opiumgesetz. Während Pervitin seit 1938 von „jedermann" käuflich erworben werden konnte, musste sein Erwerb ab Mitte 1941 ärztlich verordnet sein (5).

Zur nationalsozialistischen Drogenpolitik

Abbildung 18
(Quelle: © Schloß-
museum Murnau,
Bildarchiv)

Die Kehrseite der Verpflichtung zur Gesundheit war, dass jeder „Volksgenosse"
auch bereit sein musste, gegebenenfalls seine Gesundheit für die „Volksgemeinschaft" zu opfern. (6) Was das vor dem Hintergrund der schon in Hitlers „Mein
Kampf" klar formulierten expansionistischen Kriegspläne bedeuten konnte,
wurde von der NSDAP keineswegs verschwiegen. Schon 1934, zum 1. Hochlandla-
ger der Hitlerjugend in Murnau mit mehreren tausend Teilnehmern, konnte man
auf dem Leittransparent lesen: "Wir sind zum Sterben für Deutschland geboren".

Anmerkungen und Literatur

(1) vgl. Holzer, T.: Die Geburt der Drogenpolitik aus dem Geist der Rassenhygiene. Norderstedt 2007, S. 125ff
(2) vgl. Mach, H.: Ausschluß und Ausmerzung – Rauschgiftbekämpfung im Dritten Reich. In: Pieper, Werner: Nazis on Speed. Drogen im 3. Reich.
    2 Bände. Band I, Löhrbach 2009, S. 214
(3) vgl. Hüttig, W. (wissenschaftlicher Referent im Rassenpoltischen Amt der NSDAP). In: Pieper, a.a.O., Band I (2009), S. 195
(4) vgl. Hüttig, a.a.O., S.195
(5) vgl. dazu Holzer, a.a.O., S. 243 f.
(6) vgl. dazu: Pervitin – Die Flucht in die Tablette. In: Pieper, a.a.O., Band I (2009), S. 115

Materialbogen 10.2/1

Pervitin:
eine Droge für die Wehrmacht

Die Militärgeschichte zeigt, dass militärische Befehlshaber grundsätzlich dazu verpflichtet sind, alles Machbare zu tun, um die Kampfbereitschaft, Sicherheit und Gesundheit ihrer Soldaten zu erhalten und zu verbessern. Man kann davon ausgehen, dass neben den Fortschritten der Waffen- und Ausrüstungstechnik schon seit langem auch Forschungsergebnisse aus der Medizin, Biologie und Psychologie für das Militär interessant sind. Es ist heute kein Geheimnis mehr, dass zum weltweiten militärisch-industriellen Komplex, der von den Rüstungsaufträgen lebt, nicht nur Rüstungsfirmen zählen, sondern auch Forschungslabors, aus denen hin und wieder Informationen in die Öffentlichkeit gelangen. Für Militärs ist es keine Science Fiction, sondern eine Qualifikationsanforderung, aus Soldaten gleichsam „Kampfmaschinen" zu machen, von möglichst unbegrenzter Kampfkraft, Reaktionsschnelligkeit, Ausdauer und Moral.

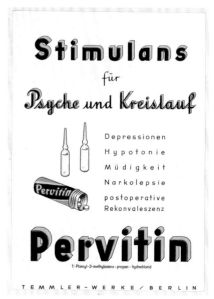

(Quelle: Landesarchiv Berlin, Werbedrucksache der Temmler-Werke)

Aber was hat das alles mit der Wehrmacht und vor allem mit Drogen zu tun? Mit der nationalsozialistischen Machtübernahme 1933 begann mit preußischer Gründlichkeit und der Mobilisierung aller Ressourcen Deutschlands eine beispiellose Wiederaufrüstung des deutschen Militärapparates. Im Verlauf dieser systematischen Kriegsvorbereitungen wurden auch die Ärzte der Wehrmacht auf die „chemische Erfindung" Pervitin aufmerksam, ein scheinbares Wundermittel, von dem man sich erhoffte, dass es die Leistungsfähigkeit der Soldaten in Luftwaffe, Marine und Heer unterstützen und sogar steigern könnte. Zwar waren bereits erhebliche „Nebenwirkungen" bekannt, aber für bestimmte militärische Situationen meinte man, sie vernachlässigen zu können. Doch Pervitin war für alle Truppenteile wichtig, wie beispielsweise:

☐ bei nächtlichen Gewaltmärschen der Heeresformationen. Nach durchkämpften Nächten, wenn die Infanteristen vor Müdigkeit im Stehen einschliefen,

☐ bei nächtlichen Wachdiensten des Brückenpersonals auf den Kriegsschiffen,

☐ bei Kraftfahrern gegen den „Steuerschlaf",

☐ bei den Flugzeugführern wegen der anhaltenden Anspannung, der Gleichförmigkeit der geistigen Arbeit bei längeren Flügen, gegen die Ermüdung durch monotone Motorengeräusche und Vibrationen und gegen die Kälte in großen Höhen (1).

Pervitin:
eine Droge für die Wehrmacht

Unter den Spitznamen „Panzerschokolade", „Stuka-Tabletten" oder „Hermann-Göring-Pillen" diente Pervitin zur Dämpfung des Angstgefühls und zur Steigerung der Leistungs- und Konzentrationsfähigkeit. Es half Todesangst zu nehmen und die Aggressivität zu steigern, zudem verdrängte es eine Zeitlang Hunger- und Durstgefühle. Allein in der Zeit von April bis Juni 1939/40 bezogen Wehrmacht und Luftwaffe mehr als 29 bzw. 35 Millionen Tabletten (2).

Nach Berechnungen des Sozialwissenschaftlers und Drogenpolitikers Tilmann Holzer wurden „insgesamt (...) zwischen 1938 und 1945 von den Temmler Werken ca. 304,74 kg Pervitin produziert. Rechnet man diese Menge um, dann kommt man auf ca. 101,58 Millionen Tabletten Pervitin zu ca. 3 mg Wirkstoff/Tablette." (3)

Tabelle 1

Pervitin-Produktion der Temmler-Werke in Millionen Tabletten (à 0,003 g)

Jahr	1938	1939	1940	1941	1942	1943	1944	1945
Ziviler Bedarf	0,03	?	?	7,45	9,00	9,00	8,01	4,41
Militärischer Bedarf	0,00	?	38,64	3,00	3,66	10,53	7,96	?
Summe	0,03	0,00	38,64	10,45	12,66	19,53	15,97	4,41

Tabelle 2

Pervitin-Produktion der Temmler-Werke in Kilogramm an Wirkstoff

Jahr	1938	1939	1940	1941	1942	1943	1944	1945
Ziviler Bedarf	0,10	?	?	22,35	27,00	27,00	24,05	13,25
Militärischer Bedarf	0,00	?	115,90	9,00	11,00	31,59	23,60	?
Summe	0,10	0,00	115,90	31,35	38,00	58,59	47,65	13,25

(Tabellen nach Holzer 2007, S. 246 f.)

Von Beginn des Krieges an wurde Pervitin – in der Verantwortung des Oberbefehlshabers über die jeweiligen Sanitätsoffiziere – millionenfach an die Soldaten der West- und der Ostfront verteilt. Insbesondere während der Angriffe auf Polen und Frankreich, die von Militärs im Nachhinein gerne als „Blitzkriege" bezeichnet wurden, fand Pervitin in reiner Tablettenform millionenfache Anwendung. Da der Bedarf zeitweise die Versorgung überstieg, ließen sich einzelne Soldaten auch Tabletten von ihren Angehörigen schicken.

Im wahrsten Sinne des Wortes war dieser Großeinsatz von Pervitin ein gigantischer Feldversuch – mit den Soldaten als Versuchskaninchen. Zu Beginn des Krieges wurde Pervitin bei der Truppe noch relativ unkritisch konsumiert. Aber schon 1940 wurden immer mehr schädliche Wirkungen bekannt und die Droge unter Rezeptzwang gestellt. Von Anfang an gab es auch Gegenstimmen, die davor warnten, dass Pervitin die natürlichen Überlastungssignale des Körpers wie Müdigkeit etc. ausschalten würde, aber ein Verbot ließ sich nicht durchsetzen. Dennoch kann man nicht von einer verantwortungslosen Verteilung des Mittels an die Soldaten sprechen.

Pervitin: eine Droge für die Wehrmacht

Für die Verteilung des Pervitins gab es genaue Vorschriften über Anlass, Dosierung und Dokumentation. So erhielten z. B. „Schiffe mit Apothekeneinrichtung" 5 Tabletten Pervitin zu 3 mg pro Kopf der Besatzung. Für längere Einsätze war eine zusätzliche Ausstattung vorgesehen. Es gab intensive Belehrungen der Sanitätsoffiziere und Appelle an ihre Verantwortung: „Jeder Sanitätsoffizier muss sich darüber im Klaren sein, dass er im Pervitin ein sehr differentes und starkes Reizmittel in der Hand hat" (4).

Aber es darf bezweifelt werden, dass diese Verantwortung bei den Strapazen schwerer Kampfhandlungen im Vordergrund stand. Die bei der Luftwaffe eingeführten Notpackungen enthielten immer Pervitin. Bei der Absprungnotausrüstung war diese Packung dabei, da die Möglichkeit der Rettung auch von ununterbrochener Wachsamkeit abhängen konnte. (5)

Während der gesamten Kriegszeit experimentierten die SS und alle drei Wehrmachtsteile auch auf eigene Faust mit Pervitin. So gab es mit zunehmender Dauer des Krieges und wachsender Überlegenheit der Alliierten immer mehr sogenannte „Himmelfahrtskommandos" für die Pervitin generell ausgegeben wurde. Dazu gehörten die Kleinst-U-Boote oder Ein-Mann-Torpedos vom Typ Marder oder Zwei-Mann-Torpedos vom Typ Seehund, in denen es kaum möglich war ohne Drogen zu überleben. Die Soldaten wurden in diese „Kleinkampfverbände" eingeschweißt und hatten ohne Hilfe von außen auch keine Möglichkeit des Ausstiegs mehr. Im Einsatz drohte ihnen ständig und tagelang Erstickungsgefahr und wenn das Torpedo abgefeuert wurde, waren sie häufig zu langsam um unentdeckt zu entkommen.

Auf Grund der ungeheuren verteilten Mengen und der Dokumentationsvorschriften blieben die vielen unerwünschten Wirkungen natürlich nicht verborgen. So kam es in Kampfeinsätzen immer wieder zu Fehldosierungen mit zum Teil verheerenden Folgen. Soldaten brauchten tagelange Ruhezeiten und waren vollkommen einsatzunfähig, Bootsbesatzungen begannen zu phantasieren, bauten ihre Navigationsgeräte aus und warfen ihre Ausrüstung ins Meer etc.

Mit Beginn des Jahres 1944, als die Lage Deutschlands aussichtlos wurde, ging es nur noch um Durchhalten und um das Aufhalten der Alliierten. Das Oberkommando der Wehrmacht änderte die Vorschriften zur Pervitinausgabe dahingehend, dass jetzt die Erfüllung des militärischen Auftrags im Vordergrund stand – zur Not auch um den Preis einer dauerhaften Schädigung der Soldaten durch Überforderung mit Aufputschmitteln. Eine entsprechende Weisung des Oberkommandos der Wehrmacht (OKW 829/44 Geh.) lautete: „Die Lage zwingt dazu, jeden waffenfähigen Mann zum Kampfeinsatz zu bringen ... Verlangt wird die erforderliche Härte und Festigkeit. Überbelastungen und Verluste sind möglich. Sie können das ärztliche Gewissen nicht belasten, die Lage fordert jeden Einsatz" (6).

Wie dieser letzte Einsatz der deutschen Wehrmacht ausging ist bekannt, aber weniger bekannt ist die Tatsache, dass die dokumentierten Erfahrungen der Wehrmacht mit Pervitin auch für die Alliierten Sieger von großem Interesse waren und Eingang in nationale militärische Ausstattungs- und Forschungsprogramme fanden (7).

Anmerkungen und Literatur
(1) vgl. dazu: Grunske, F. (Flottenarzt): Gesundheitliche Gefahren der Genuss- und Reizmittel bei der Ermüdungsbekämpfung und Leistungssteigerung. In: Pieper, W.: (Hrsg.): Nazis on Speed. Drogen im 3. Reich. 2 Bände. Löhrbach 2009, Band II, a.a.O., S. 535 sowie Holzer, T.: Die Geburt der Drogenpolitik aus dem Geist der Rassenhygiene. Norderstedt 2007, S. 251 ff.
(2) Die Zahlen 29 Mio bzw. 35 Mio Tabletten werden immer wieder in Publikationen/Dokumentationen genannt, vgl. z. B. Kemper, W.-R.: Pervitin – Die Endsieg-Droge? In: Pieper, Band I (2009), S. 128; vgl. auch den Dokumentarfilm „Drogen im Krieg". In: 3sat Mediathek vom 3.5.2012/ Scobel: Drogen im Krieg.; im Internet abrufbar unter: http://www.3sat.de/mediathek/?mode=play&obj=30714. Letzter Zugriff am: 15.02.2015
(3) vgl. Holzer, a.a.O., S. 245 f.
(4) vgl. Nöldecke, H.: Einsatz von leistungssteigernden Medikamenten bei Heer und Kriegsmarine. In: Pieper , a.a.O., Band I (2009), S. 135 ff.
(5) vgl. Luft, U. (Stabsarzt): Wachhaltemittel im Flugbetrieb. In: Pieper, a.a.O., Band II (2009), S. 549
(6) vgl. Pieper, W.: Vorwort. In: Pieper, a.a.O., Band I (2009), S. 13
(7) vgl. 3sat Mediathek, Drogen im Krieg, a.a.O.

Hinweis auf das Themenheft „Arzneimittel"

Das Themenheft „Arzneimittel" ist ähnlich aufgebaut wie das Themenheft „Crystal Meth" und bietet ausführliche Sachinformationen zum Themenbereich Arzneimittel/Medikamente sowie 27 Bausteine für die Suchtprävention in den Klassen 5 bis 10 an.

Auf Bausteine, die sich besonders für den Unterricht zum Thema „Crystal Meth" in den Klassen 9/10 eignen, wird hier in diversen Handlungsbausteinen gezielt hingewiesen.

Bei Bedarf kann das Themenheft „Arzneimittel" kostenlos bei der Bundeszentrale für gesundheitliche Aufklärung per Post oder online unter der **Bestellnummer: 20430000** bezogen werden.

Es steht auch im pdf-Format als Download zur Verfügung, siehe dazu im Internet unter: http://www.bzga.de/infomaterialien/unterrichtsmaterialien/

Postanschrift für die Bestellung:
Bundeszentrale für gesundheitliche Aufklärung
Maarweg 149–161
50825 Köln

E-Mail für die Bestellung:
order@bzga.de

Abbildungsnachweis:

S. 14: Strukturformeln zusammengestellt nach wikipedia; für die Veröffentlichung als gemeinfrei lizensiert von wikimedia commons

S. 15, S. 87, S. 102: Landesarchiv Berlin, Werbedrucksache der Temmler-Werke

S. 77, S. 80: © Heinrich Böll Fotoarchiv

S. 80/81: Judy Garland, ullstein bild – United Archives; Ernst Udet, dpa Picture-Alliance; Hermann Buhl, dpa Picture-Alliance; Jupp Elze, dpa Picture-Alliance

S. 88: Bemannter Torpedo „Neger", ullstein bild – Süddeutsche Zeitung Photo/Scherl

S. 89: Teil der „Schuhläufer-Strecke", ullstein bild – Bladt

S. 101: © Schloßmuseum Murnau, Bildarchiv